_____ 님께

어려운 환경 속에서도 끊임없이
발전을 이루어 가시는 모습에
깊은 존경을 표합니다.

이제, 저희 경영지원팀이
성공과 행복의 길을 동행하겠습니다.

_____ 드림

나의 경영지원팀

초판 1쇄 발행 2025년 4월 28일

지은이 강혜영, 고혜진, 권미영, 김민혁, 김세원, 김용근, 노영옥,
　　　　박영태, 변유경, 송진명, 유지현, 이은종, 임경배, 조준섭, 조태진
펴낸이 장길수
펴낸곳 지식과감성#
출판등록 제2012-000081호

교정 한장희
디자인 정윤솔
편집 정윤솔
검수 이주연, 이현
마케팅 김윤길

주소 서울시 금천구 벚꽃로298 대륭포스트타워6차 1212호
전화 070-4651-3730~4
팩스 070-4325-7006
이메일 ksbookup@naver.com
홈페이지 www.knsbookup.com

ISBN 979-11-392-2565-5(03320)
값 16,700원

- 이 책의 판권은 지은이에게 있습니다.
- 이 책 내용의 전부 또는 일부를 재사용하려면 반드시 지은이의 서면 동의를 받아야 합니다.
- 잘못된 책은 구입하신 곳에서 바꾸어 드립니다.

지식과감성#
홈페이지 바로가기

대표님의 시간과 비용을 아껴 줄
최고의 경영 파트너

나의 경영지원팀

현장에서 실력을 검증받은
15명의 변호사, 변리사, 노무사, 회계사, 세무사가
이 책을 읽고 계신 대표님만을 위한
경영지원팀이 되어 드립니다.

· 프롤로그 ·

대표는 세상에서 가장 외로운 존재입니다. 1인 기업이든, 수십, 수백 명의 직원을 고용한 기업이든 대표는 하나부터 열까지 기업에 관한 모든 것을 책임져야 하지만 누구 하나 도와주는 사람이 없습니다. 거래처 대표는 동병상련을 느낄지언정 동지는 될 수 없는 '비즈니스 파트너'에 불과하고, 돈 받은 만큼만 일하는 직원이 주인의식 갖기를 기대하기는 어렵습니다. 그나마 믿고 의지할 수 있는 사람은 변호사, 변리사, 노무사, 회계사, 세무사와 같은 전문가일 테지만 마음에 드는 전문가를 만나는 것도, 내 사람으로 만드는 것도 쉽지 않은 일입니다.

이 책은 이런 고민에 빠진 대표님들을 위해 쓰인 책입니다. 짧게는 5년, 길게는 15년 이상 각자의 분야에서 실력을 검증받은 전문가들이 이 책을 읽고 계신 대표님만을 위한 경영지원팀이 되어 드립니다. 영업, 제조 등 대표인 내가 가장 잘할 수 있는 일은 내가 집중해서 하고, 나머지 일은 사내 경영지원팀을 도와 막강한 전문직으로 이루어진 외부 경영지원팀이 든든하게 지원해 준다면, 대표님은 경영지원팀에 후방을 맡겨 둔 채 그저 앞만 보고 달리실 수 있지 않을까요?

더 나아가 전문가들이 모여 대표님의 소득과 은퇴, 노후 대비, 심지어 상속까지 TF(Task Force)팀을 이루어 함께 고민한다면, 비단 기업의 미래뿐만 아니라 대표님의 미래도 분명 달라질 것입니다. 이 책의 저자들인 전문가 그룹은 대표님이 운영하는 기업은 물론, 대표님과 대표님 가정의 미래도 함께 설계하고 준비합니다. 그동안 실력 있는 전문가들, 나만을 위한 전문가 그룹을 만나길 원하셨다면, 이 책을 통해 한자리에서 만나실 수 있습니다.

사무실 책상머리에, 잠자리 머리맡에 이 책을 두시고 하루 한 주제씩 대표님을 위한 저희 전문직 경영지원팀과 만나 보세요. 기업 경영에 대한 인사이트를 얻고 대표님과 대표님 가족들의 미래를 위해 지금 무엇을 준비해야 할지에 대한 해답을 얻으실 수 있을 것입니다.

이 책을 만난 모든 대표님들의 성공, 대표님과 대표님 가정의 행복을 기원하며 경영지원팀의 보고를 시작합니다.

· 목차 ·

프롤로그 4

> **나의 법무팀**

001. [기업] 계약서, 중요한 것은 제목이 아닙니다　　　　　　　16
002. [기업] 개인사업자와 법인사업자, 어떤 것이 더 유리한가요?　20
003. [기업] 법인 설립과 운영, 어떻게 하면 되나요?　　　　　　23
004. [기업] 직원이 퇴사 후 경쟁업체에 가는 것을 막고 싶어요　27
005. [기업] 퇴직한 직원을 영업비밀침해로 고소하고 싶어요　　32
006. [기업] 가족이 임직원인 경우 어떤 점에 주의해야 할까요?　35
007. [형사] 경찰서로부터 소환조사 전화를 받는다면?　　　　　37
008. [형사] 수사기관의 압수, 수색, 어떻게 대응해야 하나요?　　39
009. [형사] 체포, 구속된 경우, 어떻게 대응해야 할까요?　　　　44
010. [형사] 법원에서 약식명령등본, 공소장을 받았어요　　　　49
011. [형사] 피해자로서, 피의자, 피고인으로서의 대응방법은?　　53
012. [민사] 거래처의 계약 위반과 미수금 발생, 이렇게 대응하세요　59
013. [민사] 민사적으로 권리를 구제받고 싶어요　　　　　　　61
014. [민사] 상대방의 민사 조치에 대응하고 싶어요　　　　　　65
015. [민사] 민사소송, 간편하게 할 방법은 없을까요?　　　　　69

016. [행정] 행정청에서 처분 통지를 받았다면?   72
017. [공정거래] 이럴 때 공정거래법 위반 문제가 생길 수 있습니다   76
018. [특허] '직무발명보상제도' 도입하면 어떤 장점이 있나요?   78
019. [특허] 연구소, 연구개발전담부서 설립해도 괜찮나요?   81
020. [특허] 변리사 도움으로 받을 수 있는 지원금, 어떤 것이 있나요?   85

나의 인사노무팀

021. [사내근로복지기금] 사내근로복지기금 도입,
이제 선택이 아니라 필수입니다   97
022. [사내근로복지기금] 사내근로복지기금 어떻게 설립하면 되나요? 101
023. [사내근로복지기금] 사내근로복지기금 어떻게 운영하면 되나요? 103
024. [사내근로복지기금] 대표는 사내근로복지기금의 혜택을 볼 수
없나요?   106
025. [사내근로복지기금] 사내근로복지기금,
대기업만 할 수 있는 제도 아닌가요?   109
026. [노무관리진단] 근로계약서, 얼마나 알고 계세요?   112
027. [노무관리진단] 근로계약서 작성 실무, 이것만은 놓치지 말자   114
028. [노무관리진단] 사업장 점검 준비 체크리스트   120
029. [산업재해] 산업재해 발생 시 이렇게 조치하세요   126
030. [산업재해] 산업재해, 이렇게 대비하세요   131
031. [산업재해] 근로시간과 산업재해에 관한 최근 이슈   140

032. [산업재해] 근로자가 일을 하다가 다쳤습니다. 근로자는 산재로
처리해 달라는데, 산재 이력이 있으면 회사에 불이익이 있다고
하여 산재 신청 대신 근로자와 개별 합의를 고려 중입니다.
법적으로 문제가 없을까요? 143

033. [노무지원금] 직원을 채용하면 지원금을 받을 수 있다는데,
우리 회사는 어떤 지원금을 받을 수 있나요?
그리고 지원금을 받으려면 어떻게 해야 하나요? 145

034. [노무지원금] 고용지원금 부정수급, 어떤 불이익이 있나요? 148

035. [실업급여] 자진퇴사 하는 근로자가 실업급여를 받을 수 있도록
계약기간 만료 또는 권고사직으로 신고해 달라고 합니다.
이렇게 처리해도 문제가 없을까요? 우리 회사 퇴사자가 실업급여를
많이 받으면 회사에 불이익이 있지는 않을지 걱정됩니다 151

036. [법정필수교육] 법정필수교육, 꼭 해야 하나요? 153

037. [퇴직연금] 퇴직연금 관리의 전문가는 노무사입니다 158

038. [퇴직연금] 퇴직연금, 그리고 대표님의 퇴직금 161

나의 재무회계팀

039. [세무회계 기초] 대표님, 회사 가치가 얼마나 되는지 아세요? 177

040. [세무회계 기초] 법인의 가치를 알면,
회사와 대표 가족의 운명이 보인다 180

041. [세무회계 심화] 배당, 할까 말까? 184

042. [세무회계 심화] 대표가 회사에 빚진 돈, 부메랑이 되어 돌아온다 187

043. [세무회계 심화] 대표님도 퇴직금 수령하실 수 있습니다.
그것도 2배수나요! 195

044. [세무회계 심화] 법인전환, 꼭 해야 하나요?   199

045. [세무회계 심화] 매출, 매입이 모자라요.
'가공세금계산서' 수수해 줘도 괜찮을까요?   204

046. [세무회계 심화] 법인을 잘 활용하면 효과적으로 자녀에게
부를 이전하는 방법이 있다던데   209

047. [기업진단] 기업진단, 왜 필요할까요?   213

048. [기업진단] 건설업계 대표님들 주목! 기업진단을 설명드립니다   215

049. [세무조사] 세무조사, 더 이상 두려워하지 마세요   218

050. [세무조사] 세무조사, 아는 만큼 보입니다
- 조세범칙혐의 적용에 따른 분류   221

051. [세무조사] 세무조사, 아는 만큼 보입니다
- 세무통합 유무에 따른 분류   227

052. [세무조사] 세무조사, 아는 만큼 보입니다
- 선정방법에 따른 분류   233

에필로그   248

나의 법무팀

(소개 순서는 가나다순)

김민혁 변호사

학력사항 및 자격사항
서울대학교 법과대학 법학과 졸업
서울대학교 법과대학 대학원 세법 전공 수료
제49회 사법고시 합격(제39기 사법연수원 수료)

경력사항
법무법인 화현 변호사, 구성원 변호사
한국지방세연구원 쟁송사무 전문위원
해양수산부, 서울특별시, 경기도 광주시 자문
前 서울지방국세청 국세심사위원회 민간위원
前 국토교통부, 국세청, 화성시 자문

김세원 변리사

학력 및 자격사항
고려대학교 지적재산권법학과
제55회 변리사 시험 합격

경력사항
블루핀특허법률사무소 대표 변리사
한빛지적소유권 센터 상표법 강사
前 특허법인 리앤목
前 상상특허법률사무소
前 주식회사 삼성전자 반도체 사업부 전담 대리

박영태 변호사

학력사항 및 자격사항
중앙대학교 법학과 졸업
제54회 사법고시 합격(제44기 사법연수원 수료)

경력사항
KY법률사무소 대표변호사
서울지방변호사회 중대재해처벌법 대응 TF 자문위원
국토교통부 건축분쟁전문위원회 5소위원장(환경, 건축 전담)
대한변호사협회 등록 부동산, 행정법 전문변호사
경기도 광주시 지방세심의위원회 위원
前 서울지방국세청 반포세무서 국세심사위원
前 경기도 용인시, 구리시 자문

이은종 변호사

학력사항 및 자격사항
연세대학교 경제학과 졸업
제39회 공인회계사 시험 합격
제55회 사법고시 합격(제45기 사법연수원 수료)

경력사항
대한변호사협회 등록 도산 전문 변호사
서울사이버대학교 세무회계학 외래교수
민족화해협력범국민협의회 감사
안세회계법인 고문 변호사
동작세무서 국세심사위원회 위원
영등포세무서 납세자보호위원회 위원
前 삼일회계법인 근무(공인회계사)
前 의정부지방법원 고양지원 민사조정위원
前 서울회생법원 법인파산관재인
前 남대문세무서 납세자보호위원회 위원
前 중소벤처기업부 TIPS 운영사 선정 민간위원
前 중소벤처기업부 조직혁신 TF 외부위원
前 중소기업진흥공단 사업정리 민간위원
前 한국문화관광연구원 감사
前 서울시 희망경제위원회 위원
前 국가인권위원회 인권전문상담위원
前 서울시 문화예술 불공정거래 피해상담센터 법률상담관

조태진 변호사

학력사항 및 자격사항
한양대학교 법학부 졸업
연세대학교 경영전문대학원(MBA) 졸업(Finance 전공)
제49회 사법고시 합격(제39기 사법연수원 수료)
제47회 손해사정사(신체)시험 합격

경력사항
법무법인 서로 구성원 변호사
주식회사 티쓰리엔터테인먼트 사외이사
내일신문 경제칼럼니스트(글로벌 경제)
前 대한변호사협회 이사
前 서울지방변호사회 이사

001.
[기업] 계약서, 중요한 것은 제목이 아닙니다

Q: 변호사님, 친구가 동업을 하자고 하는데, 계약서 제목을 투자계약서라고 써야 하나요? 동업계약서라고 써야 하나요?

A: 답부터 드리자면, 동업이면 "동업계약서"로 쓰십시오.

물론 계약서 제목을 "투자계약서"로 쓰더라도 계약서 본문 내용이 동업에 관한 내용이라면 그 실질에 따라 '동업계약'으로 판단합니다만, 간혹 계약서 본문 내용을 봐도 동업인지, 투자인지 모호한 경우도 있거든요. 이게 언제 문제가 되냐면, 나중에 동업하다가 사업이 잘 안돼서 손해를 안게 됐을 때, 어느 한쪽이 책임은 안 지면서 원금은 챙기고 싶은 마음에 '투자', '대여금'이라고 하면서 경찰에 고소도 하고, 법원에 민사소송도 제기하는 경우가 더러 있습니다.

이럴 때 수사기관이나 법원에서는 친구와 계약관계가 동업인지, 투자인지, 대여인지 등등 관련 자료를 보고 판단합니다. 계약서를 해석할 때는 계약상 당사자들 사이에 다툼이 없으면 모를까, 서로 딴말을 하면 누구 말이 맞는지 증거를 보고 판단하게 되는데, 계약서 제목도 고려사항이 됩니다. "동업이면 동업계약서라고 썼을 것을 왜 굳이 투자계약서라고 썼겠냐?"라는 식으로 의심을 하는 거죠. 나중에 진실이 밝혀질 수도 있지만, 애초에 계약서 쓸 때 잘 챙겨서 굳이

답답한 상황을 방지하는게 낫지 않을까요?

그러나 사실 계약서 제목보다 중요한 것은 계약서의 내용입니다. 특히 계약서 같은 서류는 법적으로 '처분문서'라고 해서 계약서가 쓰인 대로 법적인 효력이 발생하므로 그 내용에 더욱 신경을 쓰셔야 합니다.

계약서마다 주의해야 할 점은 조금씩 다를 수 있지만, 일반적으로 계약서를 작성 시 유의하셔야 할 점은 아래와 같습니다.

우선 계약서를 작성할 때는 계약의 목적을 기재하고 계약 금액, 계약의 이행기간, 위험부담 등 계약 당사자의 권리와 의무에 관한 사항을 구체적으로 명시해야 합니다. 계약서의 본질 자체가 누군가에게 정확하게 책임을 부담시키기 위한 것이므로 이러한 내용은 반드시 들어가야 할 것들입니다.

또한 계약서에는 당사자가 기명날인 또는 서명을 해야 하며, 계약서에 첨부한 부속서류가 있는 경우에는 계약서와 부속서류를 순서대로 철하여 양쪽 당사자가 간인해야 합니다.

빠뜨리기 쉽지만, 계약의 경우 어떤 경우에 계약을 해제, 해지할 수 있는지에 대해서도 분명히 기재해야 합니다. 계약은 장기간 서로의 신의성실에 기대어 유지되는 당사자 간 합의이고, "계약은 지켜져야 한다(Pacta sunt servanda)."라는 것이 계약법의 가장 기본적인 원칙이기는 합니다. 다만, 간혹 사정의 변경으로 당초의 계약을 그대로 유지시켜 당사자에게 계약 이행을 강요하는 것이 오히려 정의에 반하는 경우도 있기에 미리 일정한 사유를 예상하여 계약의 해제, 해지를 허용하는 것이 훨씬 바람직한 경우도 있습니다.

당사자 사이에 협의가 이루어지는 동안 여러 개의 계약서가 작성되었다면, 계약서가 유효한 계약의 전부임을 명시하는 완전조항을 포함시키는 것이 좋고, 분쟁이 발생할 경우 어떻게 분쟁을 해결할지에 대한 내용, 국경을 넘나드는 계약이라면 어느 나라 법에 따라 해석할 것인지, 분쟁이 발생한다면 관할을 어디로 할 것인지 등도 잊지 말아야 할 계약 내용입니다.

서로 으쌰으쌰 하고, 장밋빛 미래를 생각하면서 동업을 시작할 때, 즉 동업계약서를 작성할 때는 '합심'해서 좋게만 말하려고 할 수 있습니다. 분위기가 그렇거든요. 하지만 한번 잘 생각해 보세요.

서로 알아서 잘 챙기는데 귀찮게 뭘 계약서를 쓰나요? 그냥 믿고 하면 되지. 계약서는 혹시 약속을 잊지 않게, 약속을 어기지 않게, 약속을 어기면 강제적인 힘을 행사할 수 있게 하기 위해서 나를 지키는 보루로서 마련해 두는 최소한의 방법입니다.

가볍디가벼운 종잇장이라고 정말 가볍게 생각하면 안 됩니다. 그 종잇장에 담긴 내용은 결코 가볍지 않은, 대표님의 꿈이고, 생활이고, 삶의 종적이라는 사실을 꼭 기억해 주십시오, 계약서 작성할 때는 웃음기 빼고 진지하게 최악의 상황을 떠올려 보면서 고민하셔야 합니다.

반드시 지켜져야 하는 핵심 내용은 누가 보더라도 명확하게 뜻을 알 수 있게 작성하고, 한편 포괄적으로 내 권리 범위를 넓혀 줄 수 있는 장치로서 다소 두루뭉술하더라도 원칙조항 등을 활용하는 묘(妙)도 필요합니다.

불안하고 잘 모르겠다고 혼자 끙끙하거나, 그냥 '알아서 잘 쓰겠지'라며 계약 상대방에게 맡기지 마시고, 믿을 만한 변호사의 도움을 받아 호미로 막을 일은 부디 미리 호미로 막으시고 대표님은 편안하게 사업하시기를 바랍니다.

002.
[기업] 개인사업자와 법인사업자, 어떤 것이 더 유리한가요?

어떤 것이 유리한가? 무 자르듯 어느 한쪽이 무조건 좋다! 이런 건 없습니다. 각각 당사자가 처한 상황에 따라서 유불리 등 장단점을 잘 가려서 활용하면 됩니다. 그럼 개인사업자와 법인사업자의 차이와 장단점을 한번 살펴보겠습니다.

개인사업자와 법인사업자의 가장 큰 차이점은 바로 '법인'이라는 별도 개체를 만들어서 나 스스로 월급쟁이가 되어 사업을 하느냐, 그냥 내가 직접 전면에 서서 사업을 하느냐에 있습니다.

대표님들 입장에서 피부에 와닿은 차이점은, 개인사업자는 내가 번 돈 내가 마음대로 빼 쓸 수 있는데, 법인사업자는 내가 번 돈 쓰는 데 절차를 거쳐야 하므로 번거롭다는 것입니다.

반면 개인사업자는 사업상 빚에 대해서 개인재산까지 털어서 무한책임을 지지만, 법인사업자 특히 주식회사, 유한회사 같은 경우는 대표라도 하여도 보유 지분 한도 내에서 유한책임을 집니다.

개인사업자는 내가 살아 있는 동안에 내 역량을 관리하고 통제하면서 사업하는 것이라면, 법인사업자는 내가 되고 싶은 사업자의 모습(법인)을 만들어 그 모습으로 사업을 할 수 있고, 내가 죽더라도 그 법인은 사업을 계속할 수 있다는 점에서 유용합니다.

대표 입장에서 개인사업자와 법인사업자(주식회사)의 차이점을 [표]로 정리해 보면 이렇습니다.

비교·대조표

개인사업자	구별기준	법인(주식회사)
사업자등록	설립절차	법인설립(발기/모집), 사업자등록
대표 단독 결정	의사결정 방법	주주총회, 이사회 결의 필요
대표 무한책임	채무부담 범위	주주 유한책임(지분 한도)
제약 없음	이익금 사용	배당/급여/상여 등 절차 필요
인건비 비용 처리 안 됨	대표 인건비	인건비 비용 처리됨
퇴직금 인정 안 됨	대표 퇴직금	퇴직금 지급 가능
영업양도(시설, 영업권)	사업 양도방법	주식 양도
종합소득세 (6.6%~49.5%)	대표 세금부담 (지방세 포함)	법인세 + 종합소득세(개인 귀속분) (9.9~26.4%) (6.6%~49.5%)

보통 법인전환을 고려할 때 소득세율과 법인세율 구간만을 들어 법인이 세금을 적게 낸다고 말하는 경우가 있는데, 걸러 들을 말입니다. 대충 알면 모르느니만 못합니다. 쉽게 설명해 드릴 테니 구조를 잘 이해하고, 실질적으로 대표님의 사업에 법인 형태의 활용도를 판단해 보시길 바랍니다.

국가와 지방자치단체는 법률관계의 발생, 변경, 소멸(이전적 승계) 각 단계별로 틈바구니에서 세금을 걷어 갑니다. 한번 떠올려 보세요. 그럼 사업자가 세금을 내는 기본적인 구조를 보여 드리겠습니다.

개인사업자는 사업소득이 곧 대표님의 호주머니 돈이지만, 법인사업자는 일단 법인 호주머니에 돈이 들어가고(법인세), 법인 돈이 대표님 개인의 호주머니로 들어가는(소득세) 구조입니다. 각각 호주머니에 들어갈 때마다 세금을 내는 식입니다.

여기까지만 보면, 법인으로 사업하면 내 돈 갖고 오는데, 2번 세금을 내야 하니까 세금을 더 내는 것 아니냐고 의심이 드실 수 있습니다. 그런데 우리 소득세법이 누진세율 방식이라는 점을 착안하면, 소득을 여러 모습으로 분산할 수 있는 법인의 형태가 세율 구간을 낮출 수 있으니 절세할 수 있는 길이 보이실 겁니다. 경영상황과 사업목표에 따라 운용의 묘가 필요합니다.

대표는 사업에 관한 모든 것을 자신이 직접 스스로 잘해야 하는 사람이 아닙니다. 그저 사업에 필요한 것이 무엇인지 두루 알고 어떻게 할 것인지 판단하되, 세세한 실무는 그 일을 잘하는 사람에게 맡길 줄 아는 것이 경영자임을 잊지 마십시오.

003.
[기업] 법인 설립과 운영, 어떻게 하면 되나요?

법인 설립의 목적에 따라 크게 영리법인, 비영리법인으로 나눠 볼 수 있고, 그 구성원에게 이익을 분배할 수 있는 것이 주식회사 등 영리법인이고, 그 구성원에게 이익을 분배할 수 없는 것이 공익목적법인 등 비영리법인입니다.

영리사업을 하는 대표님 입장에서는 '비영리법인은 나와 관계없네.'라는 생각이 드시나요? 그럼 혹시 "사내근로복지기금"이라고 들어 보셨나요?

실제 유수의 기업들이 기업의 절세 및 임직원의 근속 고양 등을 위하여 근로복지기본법에 의한 사내근로복지기금법인을 설립·운영하고 있는데, 이 사내근로복지기금법인이 바로 비영리법인입니다. 어떠신가요?

비영리법인도 알아 두면 돈이 됩니다. 두루 알아 두시고 활용하시면 됩니다.

'사내근로복지기금'에 대해서는 차후 인사노무팀장님이 자세히 설명해 드리기로 하고 저는 오늘 영리법인에 대해 중점적으로 설명해 드리겠습니다.

먼저, 영리법인 중에 가장 많은 주식회사의 설립·운영 관련해서 대표님이 아셔야 할 핵심만 딱 챙겨 보겠습니다.

1. 정관 - 회사의 조직과 활동의 근본규칙

회사의 설립과 운영에 있어서 '정관'은 아무리 강조해도 지나치지 않을 중요함 그 자체입니다. 정관을 가볍게 여기면 정관은 대표님의 발목을 잡는 성가신 규정일 수도 있겠지만, 대표님의 사업상 목표와 방향, 계획, 운영방침 등을 정관에 잘 녹여 놓으면, 평안하게 사업할 수 있는 든든한 조력자가 된다는 점을 잘 기억해 주십시오.

정관은 회사를 설립할 때 한 번 작성해서 쓰고 마는 일회용품이 아닙니다.
회사라는 조직 내부적인 규범이자, 대외적인 행위를 적법하고 유효하게 받쳐 주는 근거가 되고, 더 나아가서는 대표님이 형사상 횡령죄, 배임죄 등으로 문제될 것을 막아 주는 방패이기도 합니다. 때때로 개정하면서 대표님의 무기이자 방패로 활용하시기 바랍니다.

가. '회사가 발행할 주식의 총수'는 회사 성립을 위해 반드시 정관에 기재해야 하는 절대적 기재사항입니다. 이 중 회사 설립 시에 발행하지 않은 주식 수는 나중에 정관변경 없이도 이사회 또는 주주총

회의 결의만으로 발행할 수 있습니다. 그만큼 자금조달 절차상 편의가 있고, 경우에 따라서는 외부로부터 적대적 M&A 시도가 있을 때 방어수단으로 활용할 수 있습니다.

나. 주주 이외의 제3자 신주인수권, 즉 외부 투자 유치를 위한 제3자 배정 신주발행으로 자금조달의 다양성을 모색하기 위한 장치를 둘 수 있습니다.

종래에는 우호적 제3자에게 신주를 발행하여 경영권 방어를 모색한 경우도 있긴 했지만, 현재 대법원 판례는 경영권방어 목적으로는 신주의 제3자 배정을 이용할 수 없도록 하고 있는 점도 참고로 알아두십시오(대법원 2019. 4. 3. 선고 2018다289542 판결).

다. 중간배당, 현물배상 등 법인의 이익을 회수하는 방법을 운용할 때도 그 내용이 정관에 규정이 있어야 합니다.

라. 임원의 보수·상여금·퇴직금 지급규정 등은 정관에 직접 또는 정관의 위임에 따라 구체적인 규정을 마련해 놓은 것이 법인세 절세, 회사 자금의 적법운용의 근거 마련 등의 면에서 유용합니다.

2. 주주총회 - 회사의 기본적 사항에 관한 의사결정기관

가. 회사의 기본구조에 관한 권한
- 영업양도, 정관변경, 자본금감소, 합병, 분할, 해산 등

나. 회사의 기관을 구성하는 권한
- 이사, 감사의 선임·해임

다. 주주에게 재산적 이해관계 있는 사항
- 이익배당 결정, 주식배당 결정, 이사·감사 책임면제

3. 1인 회사의 경우

주주가 1명뿐인 경우뿐만 아니라 주주가 여러 명이긴 하지만, 실질적으로 명의를 빌리는 등으로 1인 주주인 회사를 포괄해 '1인 회사'라고 합니다. 1인 회사의 경우 외형상 주주총회나 이사회의 절차 하자나 흠결이 있더라도 1인 주주의 결정이 있으면 적법·유효하게 취급됩니다.

하지만 주의할 것이 있습니다. 확고한 대법원 판례는 1인 회사의 1인 주주이자 대표이사가 회사에 손해를 입혔을 때 그 대표이사의 횡령죄, 배임죄를 인정하고 있다는 점입니다. 즉, 1인 회사라고 하여 1인 회사의 돈을 주주인 대표님이 함부로 손댈 수는 없다는 것, 꼭 유념해 주세요.

004.
[기업] 직원이 퇴사 후 경쟁업체에 가는 것을 막고 싶어요

직원이 경쟁업체로 가는 것을 막고 싶은 이유는 결국 ① 능력 있는 인재의 상실, ② 회사의 영업비밀 유출에 대한 우려 때문일 것입니다.

그런데 우리 헌법은 직업선택의 자유를 보장하고(헌법 제15조), 개인과 기업의 경제상의 자유와 창의를 존중함을 기본으로 하고(헌법 제119조), 소비자의 이익을 보호하는 제도적 마련할 것을 명시하고 있습니다(헌법 제124조).

이러한 취지에서 대법원도 직원의 겸업금지약정, 전직금지약정의 유효성을 엄격하게 판단하고 있습니다(대법원 2003. 7. 16. 선고 2002마4380 결정 등 참조). 그렇다고 전직을 전혀 막지 못하는 것은 아니니 걱정 마십시오.

일단 '능력이 출중한 인재의 유출'의 경우, 단지 이러한 사유만으로는 전직금지를 법적으로 강제하기는 어렵습니다. 해당 직원의 업무성과에 대한 보상(급여 인상, 스톡옵션 보상 등)을 통하여 직원으로 하여금 퇴사에 의한 기대 가치보다 근속이 주는 안정과 보상 가치가 더 크다고 느낄 수 있도록 하는 것이 근본적인 방법일 수 있습니다.

문제는 '회사의 영업비밀 유출 우려'이고, 실무상 직원의 전직금지에서 법적 쟁점으로 대두되는 것도 바로 이 부분입니다. 이제부터 영업비밀 유출의 면에서 직원의 채용부터 퇴사 이후까지 단계별로 대표님이 고려해야 할 조치를 설명해 드리겠습니다. 조금 어렵게 느껴지시더라도 내 돈 지킨다는 생각으로 여러 번 읽으시고 큰 틀에서 기억해 두시면 좋습니다.

1. 직원이 입사할 때 조치

가. 경업금지약정을 체결

- 근로계약서, 취업규칙(상시 10인 이상 근로자), 단체협약 등 회사 사정에 따라 적절한 형태로 경업금지조항을 정하는 것입니다.
- 그 내용은 앞서 본 대법원 판례상 판단기준으로 제시한 요소들을 고려해야 합니다. 예를 들면 ① 보호할 가치 있는 사용자의 이익, ② 근로자의 지위, ③ 경업제한의 기간·지역·직종, ④ 대가제공 여부 등입니다.

즉 우리 회사에 보호할 만한 영업비밀이 있고, 직원이 그 영업비밀을 다루는 위치에 있고, 퇴직 후 2~3년 등 한시적 제한, 특정 직종·지역에서 한정적으로 전직을 금지하고, 전직금지를 고려한 보상제공 등을 두루 갖추면 합법적인 경업금지의 사전조치가 마련될 수 있습니다.

나. 회사의 영업비밀 보호 조치

- 영업비밀 범위 설정, 접근권한 제한적 부여 및 관리체계 정비
- 관리자로부터 비밀유지서약서 징구

2. 직원이 재직 중일 때의 조치

가. 영업비밀 관리체계의 운영

- 영업비밀 목록 작성, 관리현황 정기 점검
- 영업비밀 접근 기록 보관
- 관리자에 대한 정기적 보안교육 실시

나. 퇴사 예정자 관리

- 퇴사 의사 확인 시 영업비밀보호 관련 주의사항 고지
- 직원이 보유 중인 회사 자료 반환 요구
- 경업금지의무 등 퇴사 후 준수사항 고지

3. 직원이 퇴사할 시점에서의 조치

가. 영업비밀 반환 및 폐기 확인

- 업무 관련 자료 일체 반환 및 폐기 확인
- 영업비밀 반환 및 폐기 확약서 징구
- 회사 시스템 접근권한 즉시 차단

나. 퇴직자 면담 실시

- 경업금지의무 등 퇴사 후 준수사항 재고지
- 향후 취업 계획 확인(취업보상 등 조치 고려)
- 영업비밀보호 서약서 징구

4. 직원이 퇴사한 이후 구제수단

직원의 재직 중 또는 퇴사 후 우리 회사의 영업비밀이 경쟁업체로 유출된 정황이 의심되거나 확인되는 때 취할 수 있는 민사, 형사상 방법을 설명해 드립니다.

가. 민사상 구제수단

> ① 경업금지/전직금지 가처분
> - 본격적인 소송 전에 신속하게 가처분으로 영업비밀 등 보호조치
> ② 행위 금지 또는 예방 청구
> - 영업비밀 침해(또는 우려)가 있는 때(부정경쟁방지법 제10조)
> ③ 손해배상청구
> - 경업금지약정 위반에 따른 손해배상청구
> - 영업비밀 침해로 인한 손해배상청구(부정경쟁방지법 제11조)

나. 형사상 구제수단(형사 고소, 합의금)

> ① 재직 중, 퇴사 시점 행위: 업무상배임죄, 부정경쟁방지법위반죄
> - 재직 중 영업비밀 무단 반출 업무상배임죄 성립
>   (대법원 2017. 6. 29. 선고 2017도3808 판결)
> - 퇴사 시점에 영업비밀 미반환·미폐기 업무상배임죄 성립
>   (대법원 2008. 4. 24. 선고 2006도9089 판결)
> - 2019. 1. 8. 개정 부정경쟁방지법 제18조 제1항 위반죄 성립
> ② 퇴사 후 행위에 대한 부정경쟁방지법위반죄(부정경쟁방지법 제18조)
> - 퇴사 후 영업비밀 유출 등은 부정경쟁방지법위반죄 성립
> - 퇴사 후에는 업무상배임죄 성립 안 됨(대법원 2017도3808 판결)

005.
[기업] 퇴직한 직원을 영업비밀침해로 고소하고 싶어요

앞에서 직원의 영업비밀 침해행위에 대해 형사상 업무상배임죄, 부정경쟁방지법위반죄 등으로 고소할 수 있다고 설명드렸는데, 그렇다면 구체적으로 영업비밀침해로 고소하기 위해 어떤 것을 준비해야 하는지 알아보겠습니다.

먼저 직원의 영업비밀 침해행위가 있어야겠지요?

그러려면 "영업비밀"이 무엇인지를 알아야 합니다.

법적으로는,
① 일반에 공개되지 않았고, 보유자에 의해서만 입수 가능한 정보(비공지성), ② 객관적으로 경제적 가치가 있는 정보(경제적 유용성), ③ 객관적으로 비밀로 유지·관리되는 정보(비밀관리성)
라는 위 세 가지 요건을 충족해야 합니다.

이러한 '영업비밀'을 유출한 직원은 부정경쟁방지법위반죄로 처벌될 수 있습니다. 그런데 만약 직원이 유출한 정보가 영업비밀로 인정되지 않으면 그 직원을 형사적으로 처벌할 수는 없을까요?

만약 '영업비밀'에 해당하지는 않는 정보라 하더라도, 회사의 '영업상 중요한 자산'으로 평가되는 것을 유출한 직원은 형법 또는 특정경제범죄법에 정한 업무상배임죄로 처벌될 수 있습니다.

지금까지 보면, 어떤 생각이 드시나요? 이왕 회사의 중요정보를 경쟁업체로부터 보호하고, 그 피해구제를 용이하게 하기 위해서는 사전에 회사의 "영업비밀"로서 엄밀하게 관리하시기를 권유드립니다.

일단 회사의 중요정보는 특별 관리하고 접근권한도 통제하면 됩니다.

그럼 영업비밀침해로 형사 고소할 때 준비해야 할 사항을 살펴보겠습니다. 이 경우 회사가 직접 모든 것을 준비하기는 어렵습니다. 일정 부분 확보되면 변호사의 조력을 받아 신속하게 고소하여 수사기관을 통해 증거를 수집하고, 추가 피해를 막는 방법으로 접근합니다.

1. 검토할 사항
- 직원의 영업비밀 침해행위에 대한 내부 조사
- 문제된 행동이 직원의 재직 중, 퇴사 후 어느 시기의 행위인지
- 해당 유출된 정보가 '영업비밀'에 해당하는지 법리 검토

2. 증거 수집
- 직원의 비밀유지계약서, 보안계약서 등 관련 서류
- 업무상 이메일, 서버접속·파일복사 기록 등 전자적 증거

- CCTV 영상, 비밀관리소 출입·열람기록
- 제보자, 목격자 진술 확보(진술녹음, 진술서 등)
- 경쟁업체 관계자 등 공범 자료 확보

006.
[기업] 가족이 임직원인 경우 어떤 점에 주의해야 할까요?

주식회사의 대표, 임원, 직원 등 회사의 구성원을 모두 가족으로 구성하는 기업도 어렵지 않게 볼 수 있고, 특히 가업으로 시작한 소기업, 중소기업의 경우는 더더욱 그러한 색채가 강합니다. 이른바 비상장의 가족회사로서 폐쇄회사가 바로 이러한 경우입니다.

가족이 임직원이라는 것.
원칙적으로 문제되지 않습니다. 실제로 임직원인 가족들이 회사에 그 형식에 맞게 업무를 수행하고, 응당한 대가를 받는 경우라면 문제될 것 없습니다.

하지만 현실에서 회사라는 껍데기를 이용하기 위한 구색에 불과한 경우가 있고, 이렇게 제도를 남용하는 사례들 때문에 사정기관에서 의심하고 조사의 대상으로 삼고 제재하는 것입니다.

주식회사는 회사와 대표이사 개인을 구별하여 다각적인 절세 전략을 세울 수 있고, 유한책임이라는 장점이 있긴 하지만, 형식만 주식회사일 뿐 실질은 가족의 개인회사라면 법인격이 형해화된 경우라고 하여 마치 개인사업자와 같이 무한책임을 질 수 있습니다.

이러한 법적 리스크를 예방하기 위해서는 이른바 가족회사라고 하더라도 법인으로서의 형식과 실질을 모두 갖추어 운영하는 것이 중요합니다.

1. 내부통제 강화
- 회사와 개인 자산의 엄격한 구분
- 정관 및 내부규정 정비
- 이사회, 주주총회 등의 법정 절차 준수

2. 투명한 지배구조 구축
- 전문경영인 영입 검토
- 이해관계자 간 견제와 균형 확보
- 소수주주 보호장치 마련

007.
[형사] 경찰서로부터 소환조사 전화를 받는다면?

어느 날 경찰이 전화해서 대표님에게 경찰서에 출석해서 조사를 받아야 한다고 합니다. 어떻게 하실 건가요?

경찰이 대뜸 일주일 뒤 날짜를 말하면서 조사받으러 올 수 있느냐고 물어보면, 엉겁결에 "예."라고 답하고, 전화를 끊고 후회하는 분들도 있습니다.

결론부터 말씀드릴게요. 차분하게 "어떤 일로 조사를 받는 건가요?", "고소장 열람해 보고, 자료도 준비해서 가야 할 것 같습니다."라고 말하고, 일정을 조율하시면 됩니다. 2~3주 뒤 또는 한 달 뒤로 요청해서 충분히 조율 가능합니다. 전화를 받았다고 당장 즉답해야 하는 것도 아니니 수사관에게 양해를 구하고 일정 확인 후 바로 회신하겠다고 해도 됩니다.

고소, 고발로 접수된 사건은 일단 일방이 제출한 주장과 증거만 있는 경우에 해당하므로 경찰도 섣불리 예단하거나 단정하지 않는 편입니다. 그리고 피고소인이 반대되는 증거자료를 준비해서 오면 조사도 효율적으로 진행될 수 있습니다.

일단 통화로 조사 일정을 조율한 뒤, 인터넷 검색으로 "정보공개포털"을 입력하면 "https://www.open.go.kr" 홈페이지가 나옵니다. 회원가입 하시고, 공인인증서로 로그인하시고 우측에 "청구신청" 메뉴 선택하고, 청구주제 항목에 "안전" 선택, 제목에 "고소장 정보공개청구"를 기재하고, 청구내용에 "피고소인이 어떤 혐의를 받고 있는지 사건 파악을 하고 방어권을 행사할 수 있도록 고소장의 정보공개를 청구합니다." 정도로 기재해 주면 됩니다.

청구기관 항목에 '기관찾기'를 눌러 아까 전화한 경찰이 말했던 경찰서를 검색하여 선택합니다. 그리고 공개방법 항목에 "전자파일" 선택, 수령방법에 "정보통신망"을 선택하면 됩니다. 보통 7~10일 내 고소장을 PDF 파일로 다운로드받을 수 있습니다.

이렇게 고소장을 확보한 후 변호사 상담을 통해 상황을 파악하고, 그 여하에 따라 변호사를 선임하고 경찰 조사에 임하고 이후 대응하시면 됩니다.

008.
[형사] 수사기관의 압수, 수색, 어떻게 대응해야 하나요?

압수, 수색이라는 말만 들어도 뭔가 섬뜩하고 긴장되지 않으시나요? 만약 내 사업장, 가정에 압수수색이 나왔다면 일단 긴장하셔야 합니다.

수백만의 사건 중 수사기관이 법원의 영장을 받아 압수수색 하는 사건은 그만큼 수사기관이 공들이는 중요 사건이라는 말이기도 하니까요.

압수는 물건 등을 강제로 뺏고 보관하는 것, 수색은 장소나 신체를 뒤지는 것입니다. 실제 행위 순서는 '수색하여 압수할 대상을 찾고, 영장에 특정된 대상물을 압수'합니다.

다음에서는 압수수색절차와 그 대상자로서 꼭 알아 두어야 할 사항을 알려 드립니다. 이것만은 챙기시길 바랍니다.

1. 압수수색의 낌새

기업 형사사건(횡령, 배임, 상법위반 등)의 경우는 대개 회사 내부 사정을 알고 있는 임직원의 고소, 고발 등으로 수사가 개시되곤 합니다. 그리고 그 고소, 고발이 있기 전에는 내부적으로 경영권, 이익분배 등에 대한 다툼이 진행 중인 경우가 많습니다. 이런 때 미리 변호사의 상담을 받아서 상황을 파악하고 향후 형사범죄 성립의 가능성 등을 가늠해 보는 것이 좋습니다.

그래야 예기치 않게 압수수색이 나오면, 내용을 아는 변호사에게 부탁하고 급한 대로 압수수색 현장에서 대응하고 법적 조력을 받을 수 있으니까요.

2. 압수수색영장을 꼼꼼히 체크하고 대응하기

선불리 감정적으로 실랑이하고, 몸싸움하지 마십시오. 괜히 공무집행방해죄 등 혐의를 추가하거나 증거인멸의 우려라는 구속의 빌미를 줄 수 있습니다.

강제수사인 압수수색은 원칙적으로 법원의 영장을 받아서 하도록 되어 있고, 압수수색 시 공무원은 자신의 소속과 성명을 밝히고, 영장을 제시하면서 왜 압수수색을 하는지 설명하고, 변호인을 참여하게 할 수 있다고 고지합니다. 그리고 공무원은 피의자에게 압수수색영장 사본을 교부하여야 합니다.

지금부터 말씀드리는 대로 압수수색영장을 꼼꼼히 체크하고, 법적으로 보장된 권리를 잘 챙기는 것이 현명한 대응입니다.

먼저 압수수색영장을 딱 봤는데, **파란 도장으로 "이 영장은 일출 전, 일몰 후에도 집행할 수 있습니다."라는 문구**가 없다면, 야간집행이 안 되는 영장이니까 시간적 한계를 알 수 있습니다. 다만 도박이 문제된 장소나 여관, 호텔, 음식점 등 야간에도 개방된 장소는 위 문구가 없어도 야간집행이 됩니다.

압수수색영장에 **"유효기간"**을 유심히 보고, 압수수색을 나온 날이 그 유효기간 안에 들어가는지 한번 확인하시기 바랍니다.

압수수색영장을 보면 **"일부기각 및 기각의 취지"**라는 부분이 있습니다. 그 내용에는 압수수색의 구체적 범위와 방법 등이 체크되어 있고, 관련 별지로 확인할 수 있습니다. 이 부분을 잘 읽어 보고, 내가 압수수색 당하는 범위를 잘 알고 수사기관이 영장에 명시된 공간과 물건 등을 벗어나 압수수색하는 것은 아닌지 체크하면서 적절히 이의 제기하는 것이 중요합니다.

특히 <u>**병원의 경우는 환자들의 민감한 의료정보**</u>가 있는 곳이라 의료법위반 등의 혐의로 압수수색이 들어오더라도 환자들의 정보를 보호할 필요가 있습니다. 이때는 영장에 기재된 죄명, 혐의사실, 수색 장소 등을 체크하고, 환자에 대한 자료는 <u>**업무상 보관하는 타인의 비밀에 관한 것으로 압수를 거부**</u>할 수 있습니다(형사소송법 제112조).

그리고 대표님들이 압수수색 시 회사의 서류와 파일을 다 갖고 가면 일을 어떻게 하냐고 걱정하시는데요. **원칙적으로 서류나 파일을 사본 형태로 압수**하고, 예외적으로 사본을 만드는 것이 어렵거나 원본 압수가 필요한 경우만 그 원본 자체를 압수합니다.

최근 자료들은 대개 컴퓨터 안에 저장된 전자적 정보인 경우가 많습니다. 이 경우에는 **범죄사실과 관련된 정보만 한정하여 USB나 외장하드에 복사하거나 문서로 출력**해서 압수하고, 그게 어려울 때는 **저장장치를 통째로 하드카피, 이미징**하는 방식으로 압수합니다.

특히 **전자매체 압수수색절차에서 중요하게 챙길 것은, 포렌식을 통해 추출된 정보를 선별하는 과정에 참여해 영장에 기재된 범죄혐의와 관련된 압수 범위에 맞추어 대응하는 것**입니다.

3. 압수수색 종료 시 챙길 것

압수수색이 종료되면, 수사기관은 수색증명서, 압수목록을 작성해 소유자 등에게 주어야 합니다. 이 압수목록에 압수된 물건에 관한 세부사항이 정확하게 기재되어 있는지 꼼꼼하게 확인하고 분석하는 것은 준항고 등의 구제수단을 강구하고, 방어권 행사에 매우 중요한 자산이 됩니다.

4. 압수물 돌려받기

검사는 소유자 등의 청구에 따라 ① 몰수대상도 아니고 증거로서 가치도 없는 압수물은 압수 당시 소지인에게 완전히 돌려주고(환부), ② 증거로 사용될 압수물은 그 소지인의 보관·제출의무를 전제하고 돌려줍니다(가환부).

5. 압수수색의 위법성을 다투는 구제절차

영장의 제시, 영장사본 교부를 안하거나 변호인 참여권을 알려 주지 않거나 영장에 기재된 범위를 벗어나 수색하고 압수하는 등으로 수사기관의 위법한 압수수색에 대해서는 준항고(형사소송법 제417조)를 통해 압수수색 처분을 취소하거나 형사재판에서 압수물의 증거능력을 배제(형사소송법 제308조의 2)하는 등으로 다툴 수 있습니다.

그리고 구체적인 상황에 따라 검사나 수사관에 대하여 직권남용죄, 협박죄 등이 성립될 수 있고, 국가배상을 청구할 수 있습니다.

009.
[형사] 체포, 구속된 경우, 어떻게 대응해야 할까요?

체포와 구속은 신체의 자유를 제한하는 강제처분입니다.
원칙적으로 법관이 발부한 영장에 의해 체포, 구속하여야 합니다.

체포나 구속에 대한 대응은 기본적으로 각각 형사소송법에 정한 체포요건과 구속요건에 안 걸리도록 상황을 조관하고, 만약 체포와 구속이 되었다면 석방되도록 구제수단을 밟는 것입니다.

아래에서 체포와 구속의 각각 요건과 절차를 보면서 어떻게 대응하는지 설명드리겠습니다.

체포 종류는 ① 영장에 의한 체포, ② 긴급체포, ③ 현행범인 체포가 있습니다. 그중 긴급체포와 현행범인 체포는 영장 없이 가능한 경우입니다.

쉽게 설명하면,
영장에 의한 체포는 수사기관에서 조사받으러 오라는 연락(출석요구)을 하는데, 연락을 안 받거나 정당한 이유 없이 출석요구에 응하지 않는 경우, 긴급체포는 비교적 중범죄 혐의자를 우연히 발견하여 영장을 받을 시간적 여유가 없는 경우, 현행범인 체포는 범행 중이거나 범행 직후인 현행범인을 발견하거나, 범행 도구를 소지하고 있거나 범행 흔적이 있는 사람, 범인으로 불리면서 쫓기는 사람 등의 준현행범인을 발견한 경우에 합니다.

위와 같이 피의자가 체포되면, 수사기관은 체포 시부터 48시간 내에 구속영장을 청구하든지 석방해야 됩니다. 보통 체포되면 경찰서 유치장에 있다가 구속영장이 청구되면 관할 구치소로 보내집니다.

경찰이 검찰에 구속영장을 신청하고, 검사가 법원에 구속영장을 청구하면, 법원은 반드시 '구속 전 피의자심문' 절차(이른바 영장실질심사)를 거쳐야 하고, 이때 피의자에게 변호인이 없으면 법원은 국선변호인을 선정해 줍니다. 통상 체포된 다음 날 오전 10시경 영장실질심사를 하는 경우가 많다 보니, 구속영장청구 사건은 한밤중에 분주하게 준비가 이루어집니다.

구속 피의자 가족들이 선임한 변호사는 검사가 제출한 구속영장청구서를 확보하고, 유치장에 가서 피의자를 접견하고, 사건 내용을 파악하여 다음 날 아침까지 변호인의견서를 작성해 법원 당직실로 접수하고, 오전 심문을 준비하는 식으로 분주하게 돌아갑니다.

구속을 피하는 방법은, 결국 형사소송법 제70조에 정한 구속사유에 해당되지 않음을 특히 **다음 굵은 글씨로 처리한 부분에 대해 법리적으로 분석하여 변론**합니다.

> **형사소송법**
> **제70조(구속의 사유)** ① 법원은 피고인이 **죄를 범하였다고 의심할 만한 상당한 이유**가 있고 다음 각 호의 1에 해당하는 사유가 있는 경우에는 피고인을 구속할 수 있다.
> 1. 피고인이 **일정한 주거가 없는** 때
> 2. 피고인이 **증거를 인멸할 염려**가 있는 때
> 3. 피고인이 **도망하거나 도망할 염려**가 있는 때
> ② 법원은 제1항의 구속사유를 심사함에 있어서 **범죄의 중대성, 재범의 위험성, 피해자 및 중요 참고인 등에 대한 위해 우려** 등을 고려하여야 한다.
> ③ 다액 50만원이하의 벌금, 구류 또는 과료에 해당하는 사건에 관하여는 제1항제1호의 경우를 제한 외에는 구속할 수 없다.

구속 전 피의자심문(영장실질심사) 후, 영장전담판사는 보통 그날 저녁까지 영장발부 여부를 결정하는데, 영장이 발부되는 경우는 피의자는 관할 구치소에 구속수감 되고, 그 반대로 영장청구가 기각되면, 석방됩니다.

구속영장이 발부되어 구속된 피의자는 뒤이어 법원에 구속적부심사청구를 하기도 하는데, 방금 구속사유의 존부에 관하여 영장발부 단계에서 판단됐는데 그것을 뒤집으려는 의도로 적부심 청구를 하는 것은 아닙니다. 다만 구속적부심에서 법원은 피의자에게 '보증금 납입 조건부 피의자석방결정'을 할 수 있기에 이른바 '피의자 보석'을 의도하고 구속적부심사청구를 합니다.

석방된 상태인지, 구속된 상태인지는 수사 및 재판단계에서 변호하고 방어하는 데에 있어서 현실적으로 지대한 차이가 있기에, 변호인으로서는 어떻게 해서든 의뢰인이 석방될 수 있도록 고민합니다.

만약 구속이 되면, 구속기간은 수사단계에서는 경찰(10일), 검찰(10일+10일)해서 총 30일 구속 가능하고, 기소되어 공판단계에서는 원칙적으로 각 심급별로 2개월씩 2회 연장하여 심급별로 6개월씩 3심까지 총 18개월 구속 가능(상소심 각 3차 갱신되면 최장 22개월 구속 가능)합니다.

구치소에 구속된 동안에는 변호인 또는 일반인(가족 등) 접견이 가능한데, 일반인 접견은 회당 10분이고, 변호인 접견은 시간제한이 없는 편입니다.

그리고 접견은 구치소로 찾아가 대면하는 것 이외에 화상접견도 가능합니다. 인근 다른 구치소에 마련된 화상접견실을 이용하거나 가정용 컴퓨터를 등록하여 화상접견하는 것도 가능합니다.

피의자(범죄를 저질렀다고 의심받는 사람)가 기소되는 경우, 피의자는 이제 형사재판에서 "피고인"이라고 불리게 됩니다. 피고인이 석방되기 위해서는 담당 재판부에 "보석허가청구"를 하고 그 법원의 결정에 따라 보석으로 석방될 수 있습니다.

만약 피의자가 불구속 상태에서 기소되었는데, 1심에서 징역형으로 실형을 선고받았다면 어떨까요? 종전에는 보통 1심 판결선고일에 피고인을 법정에서 구속했는데, 바뀐 재판예규에 따르면 특별히 구속할 필요가 인정되지 않는 한 1심 실형 선고를 하더라도 불구속 재판을 받을 수 있도록 하고 있습니다.

수사 및 재판절차상 명칭의 변경

용의자(피내사자) → (입건) → 피의자 → (기소) → 피고인

수사, 재판, 형집행 절차상 석방의 흐름

① [수사] 구속 전 피의자심문(영장실질심사) 방어 - 영장기각
② [수사] 체포구속적부심사청구 - 보증금 납입 조건부 피의자 석방결정
③ [재판] 보석허가청구 - 보석결정
④ [형집행] 가석방신청 - 허가결정

010.
[형사] 법원에서 약식명령등본, 공소장을 받았어요

1. 약식명령등본을 받은 경우

　형사적으로 문제가 되는 행위를 하여 수사도 받고 기소까지 되었으나, 벌금형으로 끝날 경미한 사안인 경우, 법원은 정식재판을 진행하지 않고 약식명령등본이라는 것을 범행을 저지른 당사자인 피고인에게 보냅니다. 즉, 약식명령등본은 외관상 과태료 통지서처럼 보이지만 엄연히 해당 서류를 받은 피고인은 유죄판결을 받은 것이며 이에 대해 다투지 않을 경우 그대로 확정되어 소위 전과자가 될 수 있습니다.

　그럼에도 불구하고 만약 법원이 내린 유죄판단과 벌금액에 이의가 없다면, 당사자는 가만히 있다가 1~2주 후에 검찰청에서 벌과금 지로납부고지서가 오면 그대로 벌금을 납부하면 됩니다. 이렇게 하면 피고인은 법원에 가거나 판사를 만나지 않고 사건이 끝납니다.

　그런데 나는 무죄라고 생각하거나 벌금액이 너무 많다고 생각하여 다투고 싶으면, 약식명령등본을 받은 날로부터 7일 이내에 법원에 정식재판청구서를 제출하면 됩니다. 나중에 재판날짜(공판기일)를 통지해 주면 그때 법원에 가서 판사 앞에서 변론하는 일반 형사재판 절차로 진행됩니다.

정식재판청구를 해서 형사재판 1심을 진행하고, 판결을 받는 경우에는 설령 역시 유죄가 인정되더라도 벌금형이 징역형으로 바뀌는 일은 없습니다. 다만 벌금액이 약식명령 때보다 더 많아질 수는 있습니다. 물론 반대로 무죄판결 받거나 벌금액이 줄어들거나 벌금형에 집행유예를 받을 수도 있습니다.

그 실익은 변호사 상담을 통해서 가늠해 보고, 실익을 따져 보시기 바랍니다.

2. 공소장을 받은 경우

약식명령등본과 달리 피고인이 공소장을 받았을 때는 일단 검사가 가볍게 벌금으로 처리하지 않은 사안이라는 점에서 신중하게 대응할 채비를 하셔야 합니다.

공소장을 송달받으면 이에 대하여 ① 공소사실 인정 여부, ② 증거에 대한 의견을 정리하여 법원에 제출해야 하는데, 이는 변호사 선임이 필요합니다.

변호사는 검사가 제출한 증거기록을 열람, 복사하고 꼼꼼하게 검토해 과연 검사가 제출한 증거로 피고인의 유죄가 인정되는지 검토합니다. 변호사는 그 검토 결과를 가지고 피고인과 논의하고, 피고인의 의사까지 확인하여 변호인의견서로 ① 공소사실 인정 여부(자백,

부인), ② 증거에 대한 의견(증거능력, 증명력)을 정리하여 법원에 제출하고, 이후 재판을 진행합니다.

특히 증거에 대한 의견 중 증거능력에 대한 부분은 전문적인 법리판단이 필요하고, 압수수색의 위법성을 따져 당해 증거를 재판에서 사용할 수 없게 할 수도 있고, 유무죄 결론에 영향을 미칠 수 있는 중요한 영역입니다.

3. 관련 형사법 상식

검사는 최종적으로 피의자에 대한 수사결과를 가지고 범죄가 인정된다고 판단하면 기소를 하고, 범죄가 안된다고 보면 불기소처분을 합니다.

다만, 특이한 불기소처분이 있는데 바로 '기소유예'입니다. 검사가 볼 때 범죄가 된다고 판단하지만, 이번에는 봐 준다는 겁니다.

검사가 범죄행위에 대하여 기소하는 방식은 ① 약식명령청구, ② 공소제기 두 가지가 있습니다.

약식명령청구는 비교적 경미하여 벌금이나 과료로 처벌될 만한 사안에 대해 하는 것이고, "약식기소" 또는 "구약식"이라고 부릅니다.

공소제기는 일반적인 형사재판의 시작으로서 검사가 공소장이라는 서면을 법원에 제출하는 형식의 기소이고, "구공판"이라고 부릅니다.

검사가 약식명령청구를 하면, 법원의 판사는 공판절차 없이 검사가 제출한 약식명령청구서와 증거서류만으로, 피고인의 유죄를 인정하고 벌금형의 약식명령을 할 수도 있고, 약식명령으로 처리할 사안이 아니라고 판단하면 직권으로 정식재판회부를 결정하고 사건을 공판절차를 거쳐 처리하는 일반적인 사건으로 돌립니다.

검사가 기소하지 않고 사건을 종결하는 경우 '불기소처분'을 합니다. 그 종류는 ① 혐의없음(범죄인정안됨, 증거불충분), ② 죄가안됨, ③ 공소권없음, ④ 기소중지/참고인중지, ⑤ 기소유예(범죄 혐의 인정) 등이 있습니다.
주로 많이 접할 수 있는 불기소처분은 '혐의없음(증거불충분)', '공소권없음', '기소유예'입니다.

'혐의없음(증거불충분)'처분은 조사해 보니 범죄를 인정하기는 증거가 부족한 경우에 하고, '공소권없음' 처분은 명예훼손죄나 모욕죄, 폭행죄, 협박죄 등 친고죄나 반의사불벌죄의 경우 합의를 통해 피해자가 고소를 취소하거나 처벌을 원하지 않는다고 하는 경우이고, '기소유예'는 피의자가 초범이고, 피해변상도 됐고, 피해도 경미한 경우 등등 사정을 고려하여 검사가 재량껏 처분하는 것입니다.

011.
[형사] 피해자로서, 피의자, 피고인으로서의 대응 방법은?

1. 형사절차에서 피해자의 대응방법

피해자는 그 피해사실 등을 고소장으로 정리하여 관할 경찰서에 제출합니다. 고소장이 접수되면 경찰서에서는 접수번호를 부여해 줍니다. 피해자는 형사사법포털(https://www.kics.go.kr)에 회원가입하고 공인인증서로 로그인하여 자기 사건의 진행상황을 간략히 (아주 간단하게만) 확인할 수 있습니다.

사건이 배당되면 담당수사관은 먼저 고소인인 피해자에게 연락하여 조사 일정을 조율합니다. 고소인(피해자)조사가 끝나면, 수사관은 피의자에 대한 조사절차를 진행합니다. 이후 양측 진술 내용에 따라 대질조사를 진행하는 등의 추가 조사를 거칩니다.

경찰은 최종적으로 조사결과에 따라 ① 기소할 사건이라고 판단하면 검찰로 사건을 보내는 "송치결정" 하고, ② 무혐의 등 기소할 사건이 아니라 판단하면 "불송치결정"을 합니다.

만약 경찰에서 검찰로 송치결정을 한다면? 피해자의 의도대로 된 것이니까 일단 검찰에서 기소하는지 지켜보면 됩니다.

그런데 경찰이 불송치결정을 하면? 피해자는 경찰서에 이의신청서를 제출하여 사건이 검찰로 송치되도록 할 수 있습니다.

그럼 경찰의 송치결정에 의하든, 피해자의 이의신청에 의하든 사건이 검찰로 송치되었다면, 피해자는 검사에게 처벌을 구하는 주장과 증거를 제출할 수 있고, 검사의 처분을 기다립니다.

검사가 가해자를 유죄로 판단하고 기소하면, 피해자는 당해 법정에 직접 출석해 진술하거나 엄벌탄원서를 내는 등으로 가해자를 엄벌하도록 의견 개진할 수 있습니다.

그런데 만약 검사가 가해자에 대해 불기소처분을 하는 경우에는 어떻게 하면 좋을까요?
피해자는 검사의 불기소처분에 대한 불복으로서 항고하여 고등검찰청의 판단을 받아 볼 수 있습니다. 고등검찰청 검사가 그 항고를 인용하면 사건은 다시 지방검찰청으로 내려가 수사가 재개됩니다. 그런데 항고가 기각되면?

피해자는 위 고등검찰청에 대응되는 고등법원에 재정신청을 하여 법원의 판사로부터 검사의 불기소처분이 합당한지 판단을 받아 볼 수 있습니다. 고등법원에서 검사 불기소처분이 잘못되었다고 판단하면 법원은 공소제기결정을 하고, 그 결정서를 송부받은 지방검찰청에서는 담당검사를 지정하고 그 검사는 공소장을 제출하여 기소하게 됩니다.

만약 재정신청도 기각되면? 피해자는 대법원에 재항고를 할 수 있고, 이 재항고 기각결정까지 나온다면 더 이상 다툴 수는 없습니다. 다만 피해자가 같은 사건에 관하여 새로운 증거를 발견한 경우 등의 사정변경이 있는 경우 다시 고소를 하여 사건을 진행할 수 있는 여지는 남습니다.

2. 형사절차에서 피의자, 피고인으로서 대응방법

형사절차에서 가해자로 지목된 사람을 수사단계에서는 "피의자"로, 공판단계에서는 "피고인"으로 부릅니다. 참고로 "공판"은 형사재판을 일컫는 법률용어입니다.

가. 피의자의 대응방법

경찰로부터 조사받으러 오라는 연락을 받았다면?
일단 경찰에게 간단하게 어떤 사건인지 물어보고, 고소사건이면 고소장 열람하여 그 사건에 대한 자신의 입장을 뒷받침할 증거를 수집하고 정리합니다. 이러한 과정은 변호사의 조력을 받는 것이 좋고, 이후도 마찬가지입니다.

그리고 조사기일에 출석하여 경찰의 물음에 답하고, 조사를 마친 후 작성된 조서의 본인이 진술한 대로 기재되어 있는지 꼼꼼하게 체크합니다.

경찰의 물음을 통해 수사방향이 어떤지, 어느 부분에 초점을 두고 있는지, 상대방의 주장이나 제출된 증거관계 등을 가늠해 보고, 향후 방어의 초점과 보완할 부분 등을 고민하면서 대응합니다.

경찰이 불송치결정을 하면?
일단 상황을 지켜봅니다.

경찰의 송치결정이든 고소인의 이의신청에 의하든 송치되면?
검찰에서 다시 보완하여 대응합니다.

검사가 기소하면?

공판을 준비하면서 공소장에 기재된 내용을 기준으로 그 증거기록을 면밀히 검토하고 의견을 개진합니다.

검사가 불기소처분하면?

앞서 본 불기소처분에 대한 항고, 재정신청 등 내용을 참고하고, 불기소처분 중 (혐의를 인정한) 기소유예처분을 받은 경우에는 헌법재판소에 헌법소원심판청구를 하여 기소유예처분의 취소를 구합니다.

나. 피고인의 대응방법

검사가 기소한 이후에는 앞서 약식명령등본, 공소장을 받은 경우에서 본 바와 같이 대응해 나갑니다.

여기서는 만약 공판에서 무죄판결을 받은 경우 청구할 수 있는 ① 형사보상청구권(형사보상 및 명예회복에 관한 법률), ② 형사비용보상청구권(형사소송법 제194조의 2 이하)에 대해 알려 드립니다.

1) 형사보상청구권

㉠ 피의자보상청구
- 청구권자: 구속 피의자
- 청구요건: 검사의 불기소처분 / 경찰의 불송치결정 받은 경우
- 청구기간: 불기소처분 / 불송치결정 통지받은 날부터 3년 이내
- 소관기관: 불기소처분 지방검찰청 / 불송치결정 지방검찰청심의회

㉡ 피고인보상청구
- 청구권자: 구속 피고인
- 청구요건: 무죄재판 확정
- 청구기간: 무죄재판 확정된 사실 안 날부터 3년, 확정 때부터 5년 이내
- 관할법원: 무죄재판을 한 법원

2) 형사비용보상청구권

피고인이 무죄판결을 받은 경우, 피고인의 청구에 따라 국가는 이유야 어찌 되었던 피고인이 형사재판에 출석하고 대응하는 과정에 변호사비용, 교통비용 등으로 지출한 부분에 대하여 보상해 주는 제도입니다.

> 형사비용보상청구(형사소송법 제194조의 2 이하)
> - 청구인: 피고인이었던 자
> - 청구기간: 무죄판결이 확정된 날부터 6개월 이내
> - 관할법원: 무죄판결을 선고한 법원의 합의부

012.
[민사] 거래처의 계약 위반과 미수금 발생, 이렇게 대응하세요

1. 계약서 조항

거래처의 계약 위반에 대해서는 이미 계약을 체결할 때부터 예측할 수 있는 이슈입니다. 그리고 당해 거래계의 특성도 고려하여 계약 위반에 대한 제재 규정을 마련할 필요가 있습니다.

계약서 작성 시 주의할 핵심사항을 예시해 보면 이렇습니다.

① 계약상 이행의무를 명확하게 규정할 것 - 계약 위반 여부 판단기준
② 이행의무의 유형별로 계약상 의무 이행강제 규정 둘 것
- 어떠한 행위를 할 의무: 이행강제금 규정(지체된 1일마다 100만 원)
- 금전 지급 의무: 지연손해금 규정 (연체 이자 연 20%)
③ 위약금 약정
④ 위약벌 약정(위약금, 손해배상금과 별도로 청구할 수 있음)
⑤ 계약 위반 시 추가 담보제공 의무 규정
⑥ 연쇄 공급관계상 거래처의 원청에 대한 채권양도 약정(일방예약 활용)

⑦ 계속적 공급계약 위반 시 차회 거래 거절권 부여
⑧ 특별손해 영역에 관한 사전고지 규정
⑨ 선급금, 결제대금 예치 규정

2. 계약 위반에 대한 예방 및 대응

① 계약상 의무 이행기 전, 이행기 도래 알림 및 파생 손해가능성 고지
② 거래처의 계약 위반 시, 위반 사실 공문으로 알림
③ 민법상 단기소멸시효(3년), 상법상 소멸시효(5년) 체크
④ 가압류를 활용한 지속적인 소멸시효중단 체크
⑤ 각각 위반 시마다 공정증서, 제소전 화해조서 등 활용
⑥ 지급명령신청, 소액심판청구 등을 통한 집행권원 확보
⑦ 거래처와의 모든 의사소통은 문서화

013.
[민사] 민사적으로 권리를 구제받고 싶어요

민사적으로 권리를 구제받는 방법이라고 하면 당해 계약의 내용, 민법, 민사소송법, 민사집행법 등의 규정을 통한 권리의 실현방법이라 할 수 있습니다.

민사상 권리구제(실현)제도를 요약하면 이렇습니다.

[민사보전 - 집행 확보]
- 가압류, 가처분, 채권자대위권, 채권자취소권, 담보물권 설정

[민사판결 - 권리 확정]
- 민사소송(판결), 조정(조서), 화해(조서)

[민사집행 - 권리 실현]
- 강제집행(부동산경매, 동산경매, 채권압류·추심/전부명령 등)
- 담보권 실행 경매

1. 민사보전

　법적으로 강제력을 행사하여 권리를 실현하기 위해서는 민사소송을 통해 권리를 확정(확인)받고, 그 확정된 권리에 부여된 강제력을 통해 민사집행을 하여 권리내용을 실현하게 됩니다. 그런데 막상 민사집행을 하려고 하니, 그 집행할 대상인 채무자의 재산이 없다면? 승소판결을 받아도 그저 무용지물에 불과할 수 있습니다.

　그래서 중요한 것이 민사보전입니다. 집행을 위한 사전작업입니다. 흔히 아시는 가압류, 가처분이 바로 이것입니다. 여기에 좀 더 심화한다면, 민법상 책임재산 보전을 위한 채권자대위권, 채권자취소권, 담보권 설정 등입니다.

　특히 채권자대위권은 채권자가 자기의 채무자가 갖고 있는 재산권을 대신 행사하여 채무자의 자산을 확보하는 역할을 하고, 채권자취소권은 채무자가 빼돌린 재산을 되돌려 놓음으로써 채무자의 자산을 확보하는 역할을 합니다. 둘 다 채권자를 집행할 채무자의 재산을 확보할 수 있게 하는 제도입니다.

2. 민사소송, 조정, 화해 등

　국가가 법적으로 권리실행을 위한 법적 강제력을 부여하기 위해서는 그 전제로서 공적으로 그 권리를 확정하여 줄 필요가 있습니다.

이런 권리확정의 절차가 바로 민사소송, 조정, 화해 등이고, 민사소송을 통한 판결, 조정을 통한 조정조서, 화해를 통한 화해조서 등이 바로 권리관계를 확정하고, 민사집행을 할 수 있는 근거인 집행권원으로 작용합니다.

3. 민사집행

가. 집행보조절차

이미 채권자가 알고 있는 채무자의 재산에 대해서는 가압류, 가처분, 담보설정, 채권자대위권·채권자취소권 행사로 확보할 수 있지만, 그 외 채무자의 재산 상황을 파악할 수 있게 도와주는 절차가 바로 집행보조절차입니다. ① 재산명시, ② 재산조회, ③ 채무불이행자명부등재가 바로 그것입니다.

나. 강제집행

민사소송 등을 통해 판결 등의 집행권원을 확보해 그것을 근거로 채무자의 부동산이나 동산을 경매에 붙이거나 채무자의 채권을 행사하거나 받아서 채권의 변제를 받는 과정이 바로 강제집행입니다.

다. 담보권 실행 경매

채권을 담보하기 위해서 채무자 또는 제3자 소유의 부동산, 동산, 채권에 담보권을 설정해 둔 경우에는 달리 판결 등 집행권원 없이 곧바로 담보권의 실행으로써 경매절차를 거쳐 채권의 변제를 받는 과정이 바로 담보권 실행 경매(임의경매)입니다.

그런데 민사적 권리구제는 실상 형사고소, 행정소송 등을 활용해서 가능한 경우도 왕왕 있으니, 민사법 영역에 국한하지 않고 사안마다, 채무자가 처한 상황마다 다각적으로 검토하고 접근할 수 있어야 합니다.

014.
[민사] 상대방의 민사 조치에 대응하고 싶어요

앞서 본 민사상 권리구제에 대한 대응으로 살펴보면 되겠습니다.

1. 민사보전 조치에 대한 대응

가압류, 가처분 등 민사보전도 법원의 결정을 통해 이루어지는데, 법원이 그 결정을 위한 요건으로 검토하는 것이 ① 피보전권리의 존재, ② 보전의 필요성입니다. 이 두 가지를 트집 잡는 것이 결국 대응의 핵심입니다.

채권자가 채무자를 상대로 주장하는 권리가 존재하지 않거나, 권리 자체는 존재하지만 가압류·가처분으로 채무자의 특정 재산권을 제한할 필요까지는 없다고 판단되면 가압류, 가처분 결정을 막을 수도 있습니다.

만약 가압류, 가처분결정에 따른 집행이 이루어졌더라도, 가압류나 가처분 당시 사정뿐만 아니라, 그 이후의 사정변경 등을 이유로 가압류, 가처분의 효력을 상실시킬 수도 있습니다. 이것도 ① 피보전권리의 존재, ② 보전의 필요성의 불충족을 밝히는 것이 핵심입니다.

2. 민사소송에서 피고로서 대응

민사소송에서 원고가 자신의 피고에 대한 권리를 확정받기 위해서는 꼭 주장하고 증명해야 하는 법률사실이 있습니다. 이것이 바로 요건사실이라고 하여 민사소송에서 기본이 됩니다.

피고는 원고에게 주장, 증명책임이 있는 사실들에 대해 트집 잡고, 흔들어 놓은 것이 중요합니다. 법률용어로 하면 '부인', '항변'입니다.

'부인'은 "그런 사실 없다."라고 일축하는 겁니다. 이건 원고가 주장하고 증명해야 하는 사실에 대해 피고가 대응하는 방법입니다.

'항변'은 "원고 네가 말한 것이 맞긴 하다. 그런데 그것에 대해서는 변제(이행), 시효소멸, 상계, 동시이행 등의 이유로 네 주장은 틀렸다."라는 내용의 주장을 하고 그 증거를 제출하여 대응하는 것입니다.

민사소송 당사자에게 회생, 파산 등의 이슈에 있는 경우에는 법적으로 그 소송 당사자가 바뀌고, 그에 따라 대응책이 달라지는 경우도 있는데, 이러한 이슈도 사전에 세심하게 변호사의 도움을 받아 체크하고 활용한다면 예기치 않은 행운이 아니라 전략적 결과를 도출할 수 있습니다.

3. 판결이 확정된 이후 채무자 측의 대응

민사소송에서 판결이 확정된 마당에 채무자는 그저 받아들여야 하는 것이 아니냐고요? 아닙니다. 민사집행단계에서 다툴 것도 많습니다.

판결이 확정되더라도 그 판결문만 들고 가서는 집행이 안 됩니다. 집행문이라는 것을 부여받아야 강제집행을 할 수가 있습니다.

확정된 판결상 채무를 변경하는 다툼
- 정기금판결의 변경의 소

판결의 집행력을 배제시키는 다툼
- 청구이의의 소

집행의 대상이 채무자가 아닌 제3자의 재산이라는 다툼
- 제3자이의의 소

집행문 부여에 대한 다툼
- 집행문부여에 대한 이의신청
- 집행문부여에 대한 이의의 소

집행절차상 다툼
- 집행에 관한 이의신청

배당단계에서 다툼
- 배당이의의 소

아마 지금까지 읽으시는 대표님은 이게 무슨 내용이지? 이해가 잘 안되실 것입니다. 그럼에도 이것보다 더 쉽게 설명하기에는 현실적인 어려움이 있습니다. 저희 법무팀에 연락 주시면 상세히 설명드리겠습니다.

015.
[민사] 민사소송, 간편하게 할 방법은 없을까요?

민사소송은 일반적으로 오랜 시간과 비용이 발생하게 됩니다.

이에 많은 대표님들께서는 간편하게 민사소송을 할 수는 없느냐고 자주 문의를 해 주시는데요. 이에 오늘은 일반 민사소송보다 간이한 절차에 대하여 설명드리겠습니다.

1. 소액사건심판절차

소액사건심판법은 제1심 민사사건을 간이한 절차에 따라 신속하게 처리하는 특례를 정하고 있습니다. 주요 특징은 다음과 같습니다:

① 대상
- 소송을 통해 얻으려는 값이 3,000만 원 이하인 금전, 대체물, 유가증권의 지급을 구하는 제1심 민사사건이 그 대상이 됩니다. 다만 소액사건심판청구를 하려고 청구를 분할하여 제기하는 일부 청구는 금지됩니다(소액사건심판법 제5조의 2).

> ② 절차의 간소화
> - 구술로도 소제기 가능(소액사건심판법 제4조)
> - 임의출석에 의한 소제기 가능(소액사건심판법 제5조)
> - 되도록 한 번의 변론기일로 심리 종결(소액사건심판법 제7조)
> - 배우자, 직계혈족, 형제자매도 소송대리인 가능(소액사건심판법 제8조)
>
> ③ 소액사건에서는 법원이 소장 부본을 첨부하여 피고에게 청구취지대로 이행할 것을 권고하는 결정을 할 수 있습니다(소액사건심판법 제5조의3).
>
> ④ 소액심판사건에서 원칙적으로 판사는 판결을 하면서 판결서에 그 이유를 적지 않을 수 있습니다(소액사건심판법 제11조의 2).

2. 독촉절차(지급명령)

돈 받을 채무자의 인적사항(성명, 주민등록번호, 주소)을 알고 있는 경우 소송 대신 독촉절차를 이용할 수 있습니다(민사소송법 제462조 이하). 다만 채무자가 이의신청을 하면 결국 소송절차로 진행될 것이기 때문에 채무자의 태도 등을 고려해 지급명령신청으로 할지, 소송절차로 할지 정해야 합니다.

3. 화해·조정

채무자와 상호 합의를 통해 해소할 의사와 여지가 있는 상황이라면, 비교적 비용도 저렴하게 진행할 수 있는 화해·조정절차를 권합니다.

016.
[행정] 행정청에서 처분 통지를 받았다면?

1. 처분을 대하는 마음가짐

행정청의 처분통지를 받으면, 요즘도 '국가기관이 어련히 알아서 했겠지'라며 덮어 두고 공무원에게 읍소하는 전략을 취하는 분들이 있습니다. 특히 특수한 업무영역에서 더더욱 국가기관의 전문성을 막무가내로 믿는 경향을 보이기도 합니다.

그런데 실상을 보면, 꼭 그렇지도 않습니다. 기존에 아무도 그에 대하여 다툰 적이 없어서 위법한 처분이 마치 적법한 양 관행처럼 굳어진 경우도 있고, 현행 법령 상황을 간과하고 기존 업무매뉴얼이 변경되기 전에는 일단 그에 맞춰서 처분하는 경우도 있습니다.

행정법은 전통적인 법들과 다른 면이 있습니다. 현상을 따라가는 규범이라기보다 현상을 이끌어 내고 발전적 방향을 제시하는 규범의 성격도 있습니다. 그리고 통일되지 않은 무수히 많은 법령이 1년에도 수없이 제·개정되고, 특별행정법 영역은 또 그 나름의 체계와 법리가 만들어집니다.

그래서 일단 행정청의 처분서를 받으면, 먼저 불복절차 제기기간을 체크한 뒤 차분하게 이제부터 말씀드리는 대로 처분서의 내용을 검토해야 합니다.

2. 처분의 위법성 검토

가. 실체적 위법성 검토

처분서에 기재된 처분의 내용, 처분의 근거와 이유를 꼼꼼하게 체크합니다. 당해 처분 근거인 특정 법령을 해석하고, 그에 비추어 처분 이유와 처분 내용이 적법한지 살펴야 합니다.

그리고 행정법의 일반원칙(비례원칙, 신뢰보호원칙, 신의성실원칙, 부당결부금지의 원칙, 평등원칙, 행정의 자기구속의 법리, 기대가능성(수인한도성)의 원칙, 효율성의 원칙, 공공복리관련성의 원칙)에 저촉되는지도 검토합니다.

또한 당해 처분과 관련된 다른 처분이나 행정작용은 없는지, 관련 행정작용 사이의 관계와 법적 성질을 따져 가장 효율적으로 법익침해를 해소할 불복대상과 방법을 정합니다.

나. 절차적 위법성 검토

그리고 당해 처분을 함에 있어서 절차를 잘 지켰는지, 당해 처분의 전제가 된 행정조사절차에 법적 문제는 없었는지 등 절차적 요소도 살펴야 합니다.

3. 불복절차

행정처분의 위법성이 처분이 무효라 할 만큼 중대하고 명백하다면, 언제든 시간적 제한 없이 다툴 수 있습니다. 권리보호의 이익이 있다면요.

하지만 처분의 무효사유가 인정되는 경우는 적고, 대개 처분에 위법사유가 있더라도 그 정도가 무효에 이를 정도는 아니라 하여 취소로 그 위법상태가 제거됩니다.

현행법은 원칙적으로 과세처분에 대한 조세불복 등의 특별한 경우를 제외하고 행정심판을 거치지 않고 곧바로 법원에 행정소송을 제기할 수 있도록 임의적 전치주의를 택하고 있으니 전략적으로 선택하면 됩니다.

불복절차에서 무엇보다 중요한 것은 청구기간, 제소기간을 지키는 것입니다. 이 기간을 넘기면 다투고 싶어도 다툴 수 없기 때문입니다.

가. 이의신청

처분을 받은 날부터 30일 이내 해당 행정청에 이의신청이 가능합니다(행정기본법 제36조 제1항). 이의신청과 관계없이 행정심판이나 행정소송도 제기할 수 있습니다(행정기본법 제36조 제3항).

이의신청을 한 경우에는 이의신청 결과를 통지받은 날(또는 통지기간 만료일의 다음 날)부터 90일 이내 행정심판 또는 행정소송을 제기할 수 있습니다(행정기본법 제36조 제4항).

나. 행정심판

처분이 있음을 알게 된 날로부터 90일 이내, 처분이 있었던 날부터 180일 이내에 행정심판을 청구하여야 합니다.

그리고 행정심판청구를 하면서는 위법한 처분의 효력정지 또는 집행정지신청을 함께하는 것이 주효한 구제수단입니다. 사안에 따라 행정심판법에만 있는 임시처분신청을 활용하는 것도 좋습니다.

다. 행정소송

처분이 있음을 안 날부터 90일 이내, 행정심판 재결서의 정본을 송달받은 날로부터 90일 이내, 처분이 있은 날로부터 1년 내 행정소송을 제기하여야 합니다.

행정심판청구와 마찬가지로 법원에 행정소송을 제기하면서 위법한 처분의 효력정지 또는 집행정지신청을 함께 하는 것이 주효한 구제수단이 됩니다. 다만 행정소송법은 행정심판법과는 임시처분제도가 없습니다.

017.
[공정거래] 이럴 때 공정거래법 위반 문제가 생길 수 있습니다

공정거래위원회는 중소기업·소상공인 공정거래 기반을 구축하려는 목적에서 하도급법, 대규모유통업법, 가맹사업법, 대리점법 등을 도입·운영하고 있습니다. 그중 실무적으로 자주 문제가 되는 것으로서 기억하여 두실 만한 하도급법 내용을 간단히 정리해 드립니다.

하도급법(하도급거래 공정화에 관한 법률의 약칭)은 불공정한 하도급거래를 시정하는 법적 근거로서 작용합니다.

① 하도급거래: 원사업자가 생산활동 일부를 수급사업자에게 위탁하고 납품받는 거래 방식을 말합니다.
- 적용대상: 〈원사업자〉 대기업·중소기업 - 〈수급사업자〉 중소기업

② 원사업자 의무 및 금지사항
- 의무사항: 서면 발급 및 보존, 선급금/하도급대금 지급, 설계변경 등에 따른 대금 조정, 공급원가 변동 등 대금조정 협의, 하도급대금 연동계약 체결 등

- 금지사항: 부당한 특약, 부당한 하도급대금 결정, 부당한 위탁 취소, 부당 반품, 대금 감액, 부당한 경제적 이익 요구, 기술유용, 보복조치, 탈법행위 등
- 징벌적 손해배상: 부당한 하도급대금 결정, 부당한 위탁취소, 부당 반품, 대금 감액, 보복조치의 경우 손해액의 3배까지, 기술유용의 경우 손해액의 5배까지 배상책임

③ 법위반 시 제재조치
- 행정제재: 시정조치(하도급대금 지급, 행위중지, 특약 삭제 수정, 재발방지, 시정명령사실 공표 등), 과징금(하도급대금의 2배 이하)
- 형사벌칙: 하도급대금 2배 이하 벌금(대부분의 의무 및 금지사항 위반), 3억 원 이하 벌금(보복조치), 1.5억 원 이하 벌금(탈법행위)

018.
[특허] '직무발명보상제도' 도입하면 어떤 장점이 있나요?

Q: "직무발명보상제도' 도입하면 어떤 장점이 있나요?

A: 법인의 임원에게까지도 연구 세액 공제가 가능한 파워풀한 효과가 있습니다.

직무발명이란 "직무발명"이란 종업원, 법인의 임원 또는 공무원이 그 직무에 관하여 발명한 것이 성질상 사용자·법인 또는 국가나 지방자치단체의 업무 범위에 속하고 그 발명을 하게 된 행위가 종업원 등의 현재 또는 과거의 직무에 속하는 발명을 말합니다. 직무발명은 발명진흥법 제2조 제2호에 규정되어 있습니다. 즉, 종업원 또는 법인의 임원이 본인의 '직무'와 관련된 아이디어를 낸 경우 직무발명으로 취급받을 수 있다는 것입니다. 예를 들면, 제약회사에 근무하는 사람이 약품과 관련된 발명을 하면 직무발명이지만, 자동차와 관련된 발명을 하면 직무발명이 아닙니다.

앞서 말씀드린 바와 같이, 직무발명은 '아이디어'이므로 원칙적으로 아이디어를 낸 사람의 무형적 자산이며 회사가 이러한 아이디어를 승계하고자 하는 경우 보상금을 지급해야 합니다. 그런데 현실은 보상금을 지급하지 않고 종업원 또는 임원의 업무 범위로 당연하게 치부되는 경우가 많습니다.

그래서 조세특례제한법에서는 직무발명보상제도를 도입한 기업에게 매우 큰 혜택을 주고 있습니다.

첫째로, 종업원에게 지급한 경우 1인당 1년에 700만 원까지 비과세 혜택을 주고, 직무발명 보상금액의 25%는 연구세액공제를 받게 되어 법인세 또는 종합소득세를 공제받을 수 있는 효과가 존재합니다. 예를 들면, 500만 원의 보상금을 직원 40명에게 지급하게 되는 경우, 직원들에 대한 4대 보험료를 내지 않고, 퇴직금은 적립하지 않으면서 한 명당 500만 원을 지급할 수 있는 것입니다. 또한, 2억 원의 25%인 5,000만 원에 대하여는 세액공제를 받을 수 있는 것입니다.

둘째로, 대표자에게 지급한 경우 비과세 혜택은 없으나 직무발명 보상금액의 25%는 연구세액공제를 받게 되어 법인세 또는 종합소득세를 공제받을 수 있는 효과가 존재합니다. 예를 들면, 2억 원의 보상금을 대표자 1인에게 지급하게 되는 경우, 비과세 혜택을 받을 수는 없지만 2억 원의 25%인 5,000만 원에 대하여는 세액공제를 받을 수 있는 것입니다.

이러한 파워풀한 조세적 혜택 외에도, 직무발명보상 우수기업 인증을 받게 되는 경우 그 자체가 기업의 정량적 지표(이른바 스펙)으로 작용하여 정책자금 집행 시 가점사항이 되기도 합니다.

  이 제도의 특징은 '아이디어'라는 것을 하나의 무형 자산으로 취급하여 법인의 대표자나 임원에게도 파워풀한 혜택을 주고 있다는 것입니다. 많은 대표님들이 우리 회사는 "아이디어가 없이 그냥 유통만 하는 회사다." 또는 "우리 회사는 특허 나올 게 없다."라고 하시는데, 10분만 얘기하다 보면 아이디어가 나옵니다. 그 아이디어를 구체화하는 것은 변리사가 하는 일입니다. 의류 도소매 업체인 무신사는 어떻게 플랫폼 기업이 되었을까요? 단순히 배달해 주던 것이 IT와 결합되면 배달의 민족이 됩니다. 이러한 것이 아이디어입니다. 그리고 아이디어는 아직 실현되지 않은 것이어도 됩니다. 회사의 미래 가치니까요.

  결론적으로, 직무발명보상제도는 본질적으로 지식재산에 대한 재산적 가치를 인정함에 따라 있어야만 하는 제도입니다. 다만, 정당한 보상을 해 주어야 하고, 이러한 정당한 보상에는 파격적인 혜택들이 있다는 것입니다.

019.
[특허] 연구소, 연구개발전담부서 설립해도 괜찮나요?

Q: 연구소, 연구개발전담부서 설립해도 괜찮나요?

A: 설립하지 않을 이유가 있나요?

우리나라에서 자란 대표님들이라면 다들 한 번씩은 들어 보셨을 문구입니다. "우리나라는 기름 한 방울 안 나는 나라여서 열심히 공부해야 해. 인적자원이 우리나라의 자원이야." 맞습니다. 우리나라는 천연자원, 특히 석유 자원은 턱없이 부족한 나라입니다. 그런데 우리나라는 수출 강대국입니다. 수출 실적이 감소하면 국가의 성장률 자체가 감소하는 상황입니다.

그럼 우리나라는 어떤 것을 수출하는 것일까요? 바로 기술을 수출하는 것입니다. 그럼 당연히 연구를 하는 기업에 대하여는 혜택을 줘야 하겠죠? 그래서 우리나라에서는 연구소, 연구개발전담부서에 대한 파격적인 절세 혜택을 주고 있습니다.

구체적으로, 연구소 및 연구개발전담부서의 인력의 인건비에 대하여 25%의 연구세액공제를 해 주고 있습니다. 이 세액공제는 특이한

점이 최저한도가 없다는 점입니다. 즉, 지금 이익이 바로 실현되지 않는 초기창업기업이라면 논리적으로는 세금이 마이너스로 될 수도 있다는 것입니다.

그럼 연구소는 어떻게 설립할까요? 연구소 설립은 어렵지 않습니다. 인적요건과 물적요건이 있는데, 인적요건의 경우 원칙적으로 4년제 이상 이공계졸업자일 것을 요구합니다. 다만, 업종에 따라 서비스업종인 경우 이공계가 아니어도 되는 경우가 있으니 전문가와 상담하시는 것이 깔끔합니다. 또한, 물적요건은 분리된 공간이 존재해야 합니다. 이는 거창하게 별도의 건물을 요구하는 것이 아니라 공간을 분리할 수 있는 파티션 등으로 '여기가 연구개발전담 부서구나'를 알 수 있으면 족합니다.

그런데 연구소에서 정말 중요한 것은 사후관리입니다. 왜냐하면, 파격적인 절세혜택을 주는 대신 연구소를 허위로 운영하다 적발되면 기존에 받았던 혜택을 모두 환수하는 것이 원칙이기 때문입니다. 만약, 작년에 연구세액공제로 1억 원의 법인세를 절약하였다면 올해 연구소가 취소되는 경우 1억 원의 세금을 다시 내야 하는 것입니다. 따라서, 연구소는 사후관리가 정말정말 중요합니다. 연구소 시찰은 불시에 나오는 경우도 있기 때문에 언제라도 연구실적을 증빙할 수 있어야 합니다.

연구실적은 통상적으로 연구개발보고서, 연구노트, 특허 등이 있는데 어느 하나만 있어야 하는 것은 아니고 해당 자료들이 모두 구비되어야 합니다. 다만, 이러한 사후관리는 처음에는 잘 알 수 없기 때문에 국가기관에서 개최하는 설명회에 참가하여 연구소 제도에 대하여 알아보거나 전문가의 관리를 받아 보는 것도 좋습니다.

특히나 최근 개정된 사항으로 사후관리의 중요성은 더욱 부각되고 있습니다.

연구소 세액공제 범위 개정내용

법인세 분야

(1) 연구개발의 범위에서 제외되는 활동 명확화(조특령 §1의2)

⟨법 개정 내용(조특법 §2)⟩

□ 세제지원의 대상이 되는 연구개발의 개념 명확화
* (종전) 과학적·기술적 진전을 이루기 위한 활동
  (개정) 과학적·기술적 진전을 이루기 위한 체계적·창의적인 활동

현행	개정안
□ 조특법상 연구개발에 해당하지 않는 활동 - 일반적인 관리 및 지원활동, 시장조사, 판촉활동 및 일상적인 품질 시험, 반복적인 정보 수집 활동 등 ⟨추가⟩	□ 연구개발 범위 명확화 - (좌 동) - 상용화·사업화된 제품·기술·서비스·설계·디자인 등을 단순 보완·변형·개선하는 활동

⟨개정 이유⟩ 세제 지원의 대상이 되는 연구개발 범위 명확화

위 개정에 따라서, 단순히 기존 제품을 변경하는 연구 외에 특허출원을 하는 등 실질적인 지표적 성과가 있어야 연구개발세액공제가 인정되는 것으로 보입니다. 따라서, 전문가들과 함께 연구소를 관리하는 것이 필요합니다.

020.
[특허] 변리사 도움으로 받을 수 있는 지원금, 어떤 것이 있나요?

Q: 변리사 도움으로 받을 수 있는 지원금, 어떤 것이 있나요?

A: 무상 지원금과 대출제도가 있습니다.

정책자금이라는 용어 많이들 들어 보셨죠? 우리나라에서 가장 핫한 정책자금은 아마도 신생아 특례 대출이라든지 신혼부부를 위한 대출일 것입니다. 즉, 국가 정책을 위하여 푸는 자금을 우리는 정책자금이라고 부릅니다.

당연히 기업을 위한 정책자금도 있습니다. 유형으로는 1) 무상정책자금, 2) 유상정책자금(대출)이 있습니다.

가. 무상정책자금

무상정책자금은 한마디로 말해서 '안 갚아도 되는 정책자금'입니다. 너무 파격적이죠? 그만큼 경쟁률이 높습니다. 따라서, 반드시 전문가의 컨설팅이 필수인데요. 무상정책자금은 중앙정부에서 운영하는 것과, 지방자치단체에서 운영하는 것이 있습니다. 대표적으로 i) 사업을 위하여 제공하는 사업화 자금(업력에 따라 1억~3억), ii) 특정 목적을 위하여 바우처 형태로 지원하는 바우처 사업(예: 수출 바우처), iii) 연구를 하는 기업에 무상 자금을 지원하는 R&D 자금 등이 있습니다. 종류도 매우 다양해서 무상 정책자금은 기업의 컨디션에 맞는 자금을 지원받을 수 있으므로 반드시 전문가와 의논하여 전략적으로 접근하셔야 합니다.

나. 유상정책자금

대출프로그램입니다. 우리나라는 기술이 중요한 나라라는 것은 어릴 적부터 듣던 말입니다. 따라서, 우수한 기술을 보유하고 있는 기업에 대하여 신용보증재단, 기술보증기금 등에서 보증을 서 주는 형식으로 대출한도를 늘려 주고 있습니다. 또한, 우수한 기술을 보유하고 있는 기업에 대하여는 금리도 우대해 주고 있습니다.

그럼 위와 같은 정책자금을 집행하는 데 있어서 특허권은 어떠한 역할을 할까요?

특허권의 본질적 효력은 '기술에 대한 권리보호'입니다. 따라서, 권리가 보호되므로 반사적으로 특허권을 보유하고 있는 기업에 대한 기술 공격 리스크는 감소합니다. 그렇다면 자금을 집행하는 기관은 당연히 자금적인 지원을 해 줘도 된다는 판단을 하게 되는 것입니다. 실제로 무상정책자금, 유상정책자금 심사 시 특허권의 존재여부는 가점사항입니다. 또한, 특허권을 기반으로 각종 인증을 받게 된다면 더욱 높은 점수를 받을 수 있습니다.

즉, 특허권은 기업 기술에 대한 정량적 지표입니다. 과거 아무런 정량적 지표도 없이 사업을 하던 시대는 지났습니다. 이제는 기업도 스펙을 만들고, 정량적 지표로 어필해야 하는 시대입니다. 이러한 점에서 특허권 및 특허권을 기반으로 한 인증제도 활용은 기업 경영에 있어 필수입니다.

법무팀장의 편지

"대표님, 지금 사망 리스크에 대한 관리가 필요합니다."

대표님, 제가 최근에 어느 병원 원장님의 유가족들로부터 사건을 의뢰받아 소송을 진행한 적이 있습니다. 돌아가시기 전 병원 원장님은 수십 명 이상의 직원들을 고용하고 계셨는데요. 막상 원장님이 돌아가시니 직원들의 태도가 돌변하더군요. 원장님이 살아생전 직원들을 위해 해 주신 그 많은 것들은 온데간데없이 직원들은 원장님 유가족들을 상대로 자신들이 원장님으로부터 못 받은 퇴직금을 달라고 소송을 하지 뭡니까?

그런데 문제는 원장님의 유가족들 중 병원 행정에 대해 관여하고 있는 분이 한 분도 안 계신다는 것이었습니다. 병원에 대한 정보가 부족한 상태로 소송을 맡은 저로서는 여간 난처한 일이 아닐 수 없었죠. 다행히 소송이 잘 마무리되어 20억 원이 넘는 퇴직금 청구를 5억 원 이하로 막아 내기는 했습니다만, 만약 원장님이 살아생전에 자신의 갑작스러운 죽음을 제대로 최소한의 준비만 해 두셨어도 유가족들이 이렇게 고통받는 일은 없지 않았을까 하는 아쉬움이 크더군요. 하다못해 종신보험이라도 제대로 가입되어 있었다면, 원장님의 유가족들은 직원들과 소송을 벌일 필요도 없이 보험사에서 받은 원장님 사망보험금으로 직원들과 깔끔하게 소송 전 합의를 볼 수 있었겠죠.

　제가 대표님께 이런 말씀을 드리는 이유는 우리나라 대표님들 대다수가 처한 상황도 이와 크게 다르지 않기 때문입니다. 다행히 가업승계를 준비하며 자녀들에게 운영 중인 업체를 확실히 물려주겠다고 생각하고 계신다면 모를까, 그렇지 않은 대부분의 대표님 가족분들은 분명히 대표님 사후에 앞서 말씀드린 원장님 가족들과 같은 고민을 하실 것입니다. 대표님이 돌아가신 뒤에는 비단 직원들뿐만 아니라 알지도 못하는 '채권자 호소인들'이 회사를 상대로 별의별 소송을 다 걸어 옵니다. 아시다시피 중견기업이나 중소기업, 자영업자들의 서류 관리는 대기업에 비해 턱없이 허술하다 보니 이들이 작정하고 소송을 걸고 들어오면 회사 경영에 전혀 관여하지 않았던 대표님 가족분들은 속수무책으로 당할 수밖에 없습니다. 이런 사건은 변호사가 수임해도 정보도 부족하고 확보된 회사 자료도 부실하다 보니 패소 가능성이 매우 높습니다. 결국 사망 리스크를 제대로 관리하지 않은 상태로 대표님이 떠나시면 그동안 대표님이 왕성하게 활동하셨던 열정의 시간은 고스란히 대표님 가족분들에게는 고통의 시간으로 부메랑처럼 돌아오는 것이죠.

　"개똥밭에 굴러도 이승이 좋다."라는 우리 속담처럼 우리나라 사람들은 죽음에 대해 생각하기를 싫어하죠. 죽음에 대해 이야기하면 오히려 내가 죽기를 바라는 것이냐며 버럭 역정부터 내시는 대표님도 계십니다.

  그러나 대표님, 생각해 보시면 죽음에 예외인 사람은 역사적으로 단 한 사람도 없었습니다. 중국을 천하 통일한 진시황조차 불로초를 찾아 헤맸지만 결국 죽음을 피할 수는 없지 않았습니까? 사람이 태어나면 누구나 죽기 마련이고, 그것은 저나 대표님 모두 피할 수 없는 숙명인 것입니다.

  다만, 제가 이 편지를 통해 말씀드리고 싶은 것은 최소한 우리의 죽음이 누군가에게 고통이 되어서는 안 된다는 것입니다. 특히 그 누군가가 대표님이 내 몸처럼 아끼고 사랑하는, 그리고 대표님을 누구보다 사랑했던 가족분들이어서는 곤란할 것입니다.

  다행히 저희 경영지원팀은 이 점에 착안해 오랫동안 대표 사망 리스크에 대해 많은 연구를 해 왔고, 이와 관련한 풍부한 지식과 경험을 갖추고 있습니다. 특히 저희 경영지원팀은 대표님과 기업의 히스토리를 함께 관리하며 대표 유고 시 발생할 수 있는 혼란을 최소화하는 종합시스템을 갖추고 있는 만큼 혹시 대표님에게 어떠한 일이 생기더라도 대표님의 회사가 일순간 무너지거나 대표님 가족들이 대표님의 부재로 고통받게 될 우려는 크게 줄여 드릴 수 있을 것입니다.

2025년 4월 어느 날

대표님의 법무팀장
김민혁 변호사
김세원 변리사
박영태 변호사
이은종 변호사
조태진 변호사

올림

나의 인사노무팀

(소개 순서는 가나다순)

강혜영 노무사

학력사항 및 자격사항
인하대학교 정치외교학/영어영문학
제32회 공인노무사 시험 합격

경력사항
혜랑 노동법률사무소 대표 공인노무사
경기지방노동위원회 권리구제 대리인
경기도 부천지청 근로조건자율개선 수행노무사
경기도교육청 직업계고 학교전담 노무사
경기도여성가족재단 인재뱅크 여성전문가
중소벤처기업부 비즈니스지원단 전문위원
前 노무법인 로직 공인노무사

권미영 노무사

학력사항 및 자격사항

서울시립대학교 법학부
한양대학교 대학원 노동법 전공(석사)
연세대학교 보건대학원 산업보건 전공(석사)
연세대학교 대학원 의료법윤리학(박사과정)
제16회 공인노무사 시험 합격
ISO45001 심사원
퇴직연금 모집인 자격

경력사항

노무법인 더원에이치알
근로복지공단 서울남부업무상질병판정위원회 위원
법원 전문심리위원 후보자
경기도 공동주택관리 감사단 감사위원회
前 중소벤처기업부 비즈니스지원단 전문위원
前 한국세무사회 상담위원

김용근 노무사

학력사항 및 자격사항
한남대학교 법학부
제24회 공인노무사 시험 합격

경력사항
노무법인 이안컨설팅 대표 공인노무사
중소기업청 비지니스지원단 현장클리닉 전문위원
前 노무법인 유앤
前 노사발전재단 일터혁신컨설팅 컨설턴트
前 영화진흥위원회 영화산업 공정환경 노무지원위원

변유경 노무사

학력사항 및 자격사항
숙명여자대학교 법학부
제24회 공인노무사 시험 합격

경력사항
노무법인 이안컨설팅 대표 공인노무사
인사혁신처 정책자문위원(인사혁신분과)
서초여성새로일하기센터 인사·노무 컨설턴트
에스엔에스 인사노무학원 노동법 강사

021.
[사내근로복지기금] 사내근로복지기금 도입, 이제 선택이 아니라 필수입니다

　작년 12월 대법원은 전원합의체판결로 통상임금 기준 중 하나였던 '고정성'을 폐기하였습니다(대법원 2024. 12. 19. 선고 2020다247190 전원합의체 판결, 대법원 2024. 12. 19. 선고 2023다302838 전원합의체 판결). 그동안 통상임금은 그 임금이 소정근로의 대가로 근로자에게 지급되는 금품으로서 정기적·일률적·고정적으로 지급되는 것인지를 기준으로 판단하였으나, 이번 판결로 앞으로는 정기적으로 지급된 명절 상여금이나 정기 상여금이 "지급일 기준 재직자에게 준다."라는 등의 조건만 붙어 있어도 모두 통상임금에 포함되는 것입니다.

　통상임금 범위가 확대되면 회사의 인건비 부담은 크게 늘어납니다. 통상임금은 연장, 야간, 휴일근로수당을 산정하는 근거가 되는 만큼 이를 포함하여 산정하는 평균임금도 늘고, 그 결과 평균임금을 기준으로 산정하는 퇴직금 등 산정에도 영향을 줄 것입니다. 물론 전체적인 임금 액수가 증가하면 그에 비례하여 4대 보험 부담도 늘어납니다. 이에 기업을 운영하는 입장에서는 어떻게 하면 새로운 임금환경 속에서 인건비 부담을 줄일 것인가를 올해 경영의 화두로 삼아야 마땅하지만, 안타깝게도 현장에서는 이러한 사실을 알고 있는 경우조차 드뭅니다.

안 그래도 매년 인상되는 최저임금, 물가 상승으로 인한 임금 인상 압력에 눈물짓는 경영자로서는 따라잡기조차 힘들 만큼 급격히 변화하는 노무 환경에 절망하지 않을 수 없습니다.

이에 지난 수년간 이러한 변화를 읽어 온 저희 경영지원팀은 대표님께 즉시 사내근로복지기금을 도입하실 것을 제안드립니다. **사내근로복지기금은 ① 사업 이익의 일부를 출연하여 ② 사업주와는 별개의 사내복지기금법인을 설립하고, ③ 그 기금을 관리, 운영하여 근로자의 생활 안정과 복지 증진을 위한 복지사업을 시행하는 제도**입니다.

당장 인터넷 뉴스 몇 개만 검색해 보셔도 삼성, SK, 포스코, KT, CJ 등 이름만 대면 알 만한 기업들이 이미 일찍부터 사내근로복지기금을 설립하여 매년 수백억 원 이상씩 출연하고 있으며, 이름만 들어서는 일반인들이 쉽게 알 수 없는 중소기업이나 병의원에도 사내근로복지기금이 심심찮게 도입되고 있다는 사실을 알 수 있습니다.

사내근로복지기금을 사내에 설립할 경우 얻을 수 있는 기본적인 혜택은 근로자에게 제공되는 여러 가지 복지제도이며, 사업주는 사내근로복지기금에서 다양한 복지제도를 설계하여 제공함으로써 근로자에게 급여 외의 소득, 자산 증가 효과를 줄 수 있습니다.

특히 근로자가 사내근로복지기금에서 받은 복지혜택은 소득세, 증여세의 과세 대상에 포함되지 않고, 4대 보험료 부과 대상에도 해당하지 않기 때문에 근로자 역시 그 혜택 금액을 온전히 받을 수 있습니다.

가령, 월 급여로 500만 원을 받는 근로자에게 60만 원의 급여성 복지를 회사가 직접 주는 경우와 사내근로복지기금에서 주는 경우,

근로자가 받게 되는 돈의 차액은 월 20만 원이 넘습니다. 근로자 입장에서는 세금이나 4대 보험료로 떼이는 돈이 현격히 줄어드니 실질적 임금 인상 없이도 소득에 대한 만족도가 높아집니다.

1인 근로자의 이익		기존	사근복
월급여		5,000,000	5,000,000
급여성 복지		600,000	-
		5,600,000	5,000,000
국민연금	4.5000%	252,000	225,000
건강보험	3.5450%	198,520	177,250
장기요양보험	0.9182%	51,419	45,910
고용보험	0.00%	-	-
산재보험	0.00%	-	-
원천세	25%	1,400,000	1,250,000
공제액		1,901,939	1,698,160
차인지급액		3,698,061	3,301,840
사근복지급		-	600,000
최종소득액		3,698,061	3,901,840
			203,779원 차이 발생

사업주가 얻는 혜택은 더 큽니다. 사업주가 사내근로복지기금을 통해 근로자에게 지급하는 돈에 대해서도 4대 보험료는 부과되지 않으며, 출연한 돈만큼은 비용으로 처리되며, 증여세도 부과되지 않기에 이익이 과도하게 발생한 사업연도에 절세의 효과를 누릴 수 있기 때문입니다.

특히 이익이 많이 나는 회사, 자본 이동이 예상되는 회사, 근로자 수가 많거나, 급여가 높거나, 복지가 다양하고 많거나, 급여성 복지를 현재 급여 처리하고 있는 회사는 도입 시기가 늦어질수록 손해라고 평가할 수 있을 정도로 도입의 혜택과 필요성이 크다 할 것입니다.

가령, 법인세율 20% 구간의 기업(4대보험 사업주 부담률 11%, 근로소득세율 15%, 4대보험 근로자부담률 9.3% 가정)이 직원 30명을 대상으로 한 사내근로복지기금을 설립해 매년 3천만 원을 출연, 운영할 경우 매년 1,659만 원의 비용 절감 효과를 볼 수 있고, 직원 100명을 대상으로 한 사내근로복지기금을 설립해 매년 3억 원을 출연, 운영할 경우 매년 1억 6,590만 원의 비용 절감 효과가 발생합니다.

물론 기업 입장에서는 기업이 직원들을 위해 폭넓은 복지를 제공한다는 이미지를 줄 수 있기에 직원들의 기업에 대한 애사심도 높이고, 대외적으로도 기업 이미지를 제고하는 데 큰 도움이 될 수 있습니다.

다만, 사내근로복지기금은 근로자와 사업주 모두에게 실질적인 이익을 부여하는 제도로, 혜택이 큰 만큼 근로복지기본법 및 동법 시행령, 시행규칙, 실무 매뉴얼 등에 여러 제한사항이 촘촘히 규정, 기재되어 있습니다. 그 혜택을 제대로 누리고 위해서는 설립, 운영 과정에서부터 전문가들의 노하우를 가미하는 것이 필요한데, 저희 경영지원팀은 사내근로복지기금 도입 및 운영과 관련해 지난 수년간 법무, 노무, 세무회계를 아우르는 풍부한 지식과 경험을 쌓아 왔기에 주저 없이 믿고 맡기셔도 됩니다.

022.
[사내근로복지기금] 사내근로복지기금 어떻게 설립하면 되나요?

사내근로복지기금은 <u>**모든 사업 또는 사업장에서 설립이 가능하며, 비영리법인(대학교 등), 외국계회사, 정부산하기관, 정부투자출연기관, 신설회사도 사내근로복지기금 설립이 가능**</u>합니다.

구체적인 설립 방법을 살펴보면,

1. 사내근로복지기금법인 설립 합의는 노사협의회가 있는 경우 그 의결로, 없는 경우 사업주의 결정으로 사내근로복지기금법인 설립 합의를 합니다.

2. 사내근로복지기금법인 설립준비위원회는 근로자와 사용자를 대표하는 위원으로 각 2명 이상 10명 이하로 구성합니다. 위 위원회의 주요 업무는 기금정관, 임원선임, 사업계획서, 기금출연 등의 준비, 기금조성을 위한 출연 금액의 결정 등을 결정합니다.

3. 기금의 정관을 정하고 위 정관을 포함하여 사내근로복지기금법인 설립준비위원회에서 준비해야 할 사항들이 완료되면, 기금의 주사무소를 관할하는 지방고용노동관서의 근로개선지도과(노사상생지원과)에 신청서 및 구비서류를 제출하게 됩니다.

4. 기금설립인가신청를 접수받은 지방고용노동관서는 20일 이내에 인가 여부를 결정하여 신청인에게 기금설립인가증을 교부합니다.

5. 기금법인은 위 설립인가증을 교부받은 후 3주 이내에 주된 사무소 소재지 관할 등기소에 설립등기를 신청해야 하며, 기금법인 설립이 완료되면 기금법인의 이사에게 사무가 인계됩니다.

6. 기금법인의 이사는 설립등기 후 20일 이내에 관할세무서에 사업자등록 신청을 하고, 기금법인 명의 예금계좌를 개설한 후 출연금 납입을 위한 계좌번호를 사업주에게 통지하며, 사업주가 위 출연금을 납입함으로써 기금법인 운영을 위한 준비가 완료됩니다.

023.
[사내근로복지기금] 사내근로복지기금 어떻게 운영하면 되나요?

일단 사내근로복지기금이 설립되고 나면, 그때부터는 사내근로복지기금협의회, 이사, 감사가 이를 운영하게 되는데, 참고로 사내근로복지기금협의회 위원, 이사, 감사는 비상근, 무보수입니다.

1. 사업주가 기금을 출연할 때에는 직접 사업연도 순이익의 5%를 기준으로 하나, 사업주의 형편에 따라 이를 낮추거나 초과할 수 있고, 초과하는 경우에도 해당 출연금 전액을 세법상 손비로 처리할 수 있습니다. 반대로 사업주에게 손실이 발생해 경영이 어렵다면 그해는 출연하지 않을 수도 있어 사업주 입장에서는 사내근로복지기금 출연을 강제당하는 부담이 없습니다. 출연 가능한 재산은 **현금, 유가증권, 기금법인의 업무수행상 필요한 부동산, 정관에서 정한 재산으로 사실상 어떠한 재산이라도 출연이 가능**한 셈입니다.

2. 사내근로복지기금을 사용할 수 있는 주요 목적사업은 아래와 같습니다.

가. 사내근로복지기금은 무주택근로자에게 주택구입, 임차자금을 무이자 또는 저리로 대부하거나 보조할 수 있습니다. 유주택자를 주

택자금 또는 대부대상에 포함할 수 있으나, 수혜자격 및 지원한도 등에 대한 객관적인 기준을 정관에 정하여야 하고, 실제 운영에 있어서도 엄격한 사전심사 및 사후관리를 통해 실제 수요자에게 지원될 수 있는 방안을 마련하여야 합니다. 또한 주택자금을 투기 또는 전매 등의 수단으로 사용한 경우의 제재방안도 마련할 필요가 있습니다. 대부사업의 대상 및 이자율, 상환기간 등 대부조건에 대하여는 사내근로복지기금 협의회에서 자율적으로 결정하여 실시합니다. 다만 전 직원에게 '일률적으로' 주택구입·임대자금의 명목으로 금품을 지급하는 것은 허용되지 않습니다.

나. 사내근로복지기금은 근로자 자신 및 가족을 위한 장학금, 재난구호금을 지급하는 것도 가능합니다. 일정 학점 이상의 자녀에게만 금품을 지급하는 제한도 정관에서 미리 정하였다면 가능하고, 정관의 규정이 있는 경우, ① 근로자 자녀의 학원비, 유치원보조비, 기타 학자금 지원, ② 근로자의 중식대 및 석식, 야식, 간식 등 식비 지급, ③ 직원 사망 시 유족들에 대한 위로금 지급 등이 모두 합니다. 모성보호 및 일과 가정생활의 양립을 위하여 필요한 비용을 지원할 수 있으나, 영유아보육법 제14조 제1항에 따라 사업주가 설치, 운영할 의무가 있는 직장보육시설 관련 비용은 제외됩니다.

다. 근로복지시설에 대한 출자, 출연 또는 같은 시설의 구입, 설치 및 운영에 대한 비용, 사업주의 사업으로부터 직접 도급받은 업체의 소속 근로자 및 해당 사업에의 파견근로자의 복리후생 증진 비용, 근로자의 체육, 문화 활동, 근로자의날 행사 지원 비용 등으로 기금을 사용할 수 있습니다.

라. 선택적 복지제도는 사전에 설계된 다양한 복지항목 중 근로자 개개인에게 주어진 예산의 범위 내에서 개인의 선호와 필요에 따라 자신에게 적합한 복지혜택을 선택하도록 하는 제도입니다. 기업마다 특성에 맞는 복지항목을 설계할 수 있으며, 근로자가 직접 자신에게 필요한 것을 시장가격보다 낮은 가격으로 구매할 수 있어 동일한 비용으로 더 큰 효과를 낼 수 있습니다. 사내근로복지기금과 선택적 복지제도를 동시에 실시할 경우 주거안정, 의료보장 등 기본항목과 근로자의 건전한 여가, 문화, 체육활동, 육아지원 등의 다양한 복지 항목을 도입할 수 있습니다.

과거 회사가 급여성 복지로 직원들에게 지급하여 직원들조차 세금, 4대보험 다 떼고 나면 남는 것이 없다는 푸념을 하던 것도 사내근로복지기금을 도입하면 옛날이야기가 되어 버립니다. 물론, 경영자 입장에서도 심지어 사비를 털어 금전적 지원을 해도 급여성 복지로 세금과 4대 보험이 부과되어 많은 돈을 직원들에게 주고도 직원들에게 고맙다는 소리를 못 듣던 일이 사라져 경영자로서의 만족감도 높아집니다.

024.
[사내근로복지기금] 대표는 사내근로복지기금의 혜택을 볼 수 없나요?

사내근로복지기금을 통해 혜택을 볼 수 있는 사람은 원칙적으로 현재 사업장에 재직 중인 근로자 본인이며, 사업장 소속 전체 근로자를 대상으로 하여야 합니다. 따라서 일부 노동조합원 또는 일부 근로자만을 수혜대상으로 삼을 수는 없습니다. 다만, 정관에서 규정하여 근로자의 가족을 수혜대상에 포함하는 것이 가능합니다. 단시간 및 기간제 근로자 등의 경우도 계약 형태를 불문하고 근로자라면 수혜대상에 해당되지만, 근속연수 등 합리적인 기준에 따라 수혜조건 등에 차등을 두는 것은 법령 및 사회상규에 반하지 않는 범위 내에서는 정관에 기재를 하면 가능합니다.

따라서 정관에서 사내근로복지기금 목적사업 중 체력단련비, 의료비 지원의 수혜대상을 근로자 본인 및 그 가족이라고 규정하고 있다면 가족에 대해서도 의료비 지원이 가능하며, 정관에 단체보장성 보험가입대상자로 근로자 및 그 배우자 또는 직계가족을 규정하고 있다면 배우자를 위 단체보장성 보험사업의 대상자로 해도 문제가 없는 것입니다.

그렇다면, 대표, 더 나아가 임원은 사내근로복지기금의 수혜를 받을 수 없는 것일까요? 임원의 경우라도 사실상 근로자의 성질을 갖는 임원이라면 근로자에 준하여 혜택을 볼 수 있지만, 아쉽게도 대표는 그 대상에서 빠져 있습니다. 그러나 과연 사내근로복지기금의 도입이 대표 입장에서 손해이기만 할까요?

사내근로복지기금이 근로자의 실질소득을 높여 생활 안정을 꾀하고 복지를 증진해 근로자들의 애사심을 높이는 효과가 있다는 점은 이미 말씀드린 바와 같습니다. 가뜩이나 괜찮은 인재를 찾기 어려운 중견, 중소기업 입장에서는 유능한 인재가 이러한 혜택을 누려 오랫동안 장기근속한다는 사실만으로도 충분히 대표에게 이익이 되는 제도입니다. 특히 최근 삶의 질 향상에 관심이 많은 MZ세대는 급여와 함께 사내 복지의 수준으로 회사를 평가하는 경향이 있어 사내근로복지기금을 도입해 높은 수준의 사내 복지 문화를 만든다면 청년 구직자들을 영입하는 데에도 큰 도움이 될 것입니다.

또한 회사가 사내근로복지기금에 출연하는 돈은 회사 입장에서는 모두 비용 처리가 된다는 점에서 손금산입에 따른 법인세 또는 소득세 감소는 물론 경영권 승계를 준비하는 대표라면 승계비용을 줄이는 효과도 기대할 수 있습니다. 회사 비용을 제때 적절히 처리하지 못한 탓에 회사의 지분 가치가 치솟을 경우(이 부분과 관련하여서는 저희 재무회계팀장이 추후 보고할 예정입니다), 그만큼 경영권 승계를 위한 지분 증여, 상속을 할 때 막대한 세금을 부담할 수밖에 없는데, 사내근로복지기금 출연을 통해 지분 가치를 잘 관리한다면, 굳이 가업승계제도 등을 활용하지 않고도 합리적인 수준의 부담만으로도 경영권 승계가 가능합니다.

물론 사내근로복지기금은 근로자를 수혜대상으로 하기 때문에 대표의 가족이 근로자인 경우, 사내근로복지기금 및 그 협의회에서 개별 목적사업에 따라 근로자 및 가족을 수혜대상으로 정해 놓았다면, 대표도 사실상 혜택을 누릴 수 있게끔 운영하는 것이 가능하므로, 대표가 사내근로복지기금에서 완전히 소외되었다고 보기도 어렵습니다.

요컨대, 사내근로복지기금은 전문가를 통해 제대로 설립, 운영을 하기만 한다면, 회사와 근로자 모두 Win-Win할 수 있는 제도이며, 오너인 대표 입장에서는 경영권 승계, 상속에도 적극 활용해 대표와 대표 가족들의 부담을 최소화할 수 있는 제도이기도 한 것입니다.

025.
[사내근로복지기금] 사내근로복지기금, 대기업만 할 수 있는 제도 아닌가요?

사내근로복지기금제도가 시작된 지 34년째입니다. 포스코, 삼성그룹 등 대기업은 이미 오래전부터 사내근로복지기금을 활용해 왔습니다. 그렇다면 사내근로복지기금은 대기업만을 위한 제도일까요?

사내근로복지기금은 사실 대기업보다는 중소기업이 활용하기 좋은 제도입니다. 그 이유는 경기 침체와 인력난을 가장 직접적으로 느끼고 있는 곳이 바로 중소기업이고, 사내근로복지기금은 이러한 어려움을 해결할 수 있는 가장 현실적인 대안이 될 수 있기 때문입니다. 현장에 나가 보니 실제로 정보가 빠른 중소기업 대표님들은 사내근로복지기금제도에 대해 이미 많은 내용을 알고 계셨고, '이 제도를 할지 말지' 고민하기보다, 기금법인을 설립해서 '어떻게 활용할지'를 구체적으로 고민하고 계셨습니다.

저희가 만난 A회사 대표님도 그랬습니다. 경기도 양주에서 제조업을 하시는 A회사 대표님은 비교적 늦은 나이에 사업을 시작하였지만, 지금은 4개의 공장을 운영하며 사업에 성공하셨습니다. 그 성공의 배경에는 회사 직원들을 생각하는 대표님의 진심이 있었고, 대표님은 그 누구보다 회사와 직원 모두가 잘되기를 바라고 계셨습니다.

A회사는 이러한 대표님의 경영철학을 바탕으로 이미 다양한 사내 복지제도를 운영하고 있었습니다. 구내식당과 기숙사를 운영 중이었고, 5월 1일 근로자의 날과 회사 창립기념일 행사를 진행해 왔으며, 해마다 회사 직원뿐만 아니라 직원의 가족들도 함께 참여하여 회사 휴양소로 야유회를 다녀오기도 했습니다. 또 회사를 오래 다닌 직원들이 많아서인지 대표님은 회사 차원에서 직원들의 의료비나 학자금 문제도 지원하고 계셨습니다. 최근에는 한 직원이 아파트가 당첨되었다며 주택 구입으로 목돈이 들어갈 것을 함께 걱정하고 계셨습니다.

그런데 A회사 대표님은 회사를 운영하면서 좀처럼 해결되지 않던 고민이 있었습니다. 대표님은 기존 복지제도를 잘 유지하고 싶었지만, 회사 경영을 하다 보면 현실적으로 자금 확보가 어려운 경우가 많았기 때문입니다. 이 고민을 해결할 유일한 방법은 바로 '사내근로복지기금'이었습니다. 이제 대표님은 회사의 경영 여건을 고려하면서 동시에 직원들의 복지혜택을 늘려 줄 수 있는 확실한 해결책을 찾으셨습니다.

A회사는 직원들에게 복지혜택을 제공하기 위해 그동안은 상여로 지급하거나 대표님 사비로 처리해 왔었습니다. 이에 A회사가 직원에게 지급하는 금품은 모두 근로소득으로 인정되고 4대 보험이 부과되어 A회사나 직원, 대표님 모두에게 큰 부담이었습니다. 그러나 이제는 사내근로복지기금을 통해 이러한 복지혜택을 줄 수 있게 되었

고 이는 모두에게 합법적이고 합리적인 방법이 되었습니다. 앞으로 A회사 대표님은 4대보험, 소득세, 증여세, 나아가 A회사의 법인세까지, 세금 걱정 없이 직원들에게 복지혜택을 제공할 수 있습니다. A회사 직원들도 세금이나 4대 보험 부담 없이 보다 많은 복지혜택을 받게 되어 실질적으로 이전보다 더 많은 이익을 누리게 된 것입니다.

사내근로복지기금은 대기업만을 위한 제도가 아닙니다. 오히려 사내근로복지기금은 회사와 직원의 관계가 가장 밀접한 중소기업을 위한 제도라고 해도 과언이 아닙니다.

026.
[노무관리진단] 근로계약서, 얼마나 알고 계세요?

근로계약서는 단순한 형식적 서류가 아닌 고용관계의 근간이 되는 법적 문서입니다. 10년간 현장에서 경험한 바에 따르면, 적절히 작성된 근로계약서는 노사 간 분쟁을 예방하고 기업의 리스크를 최소화하는 핵심 도구입니다.

1. 근로계약서, 노무관리의 기본이자 안전장치

따라서 근로계약서는 노사관계의 기초이자 법적 안전장치입니다. 10여 년간 다양한 기업의 노무컨설팅을 진행하며 느낀 점은, 적절히 작성된 근로계약서가 분쟁 예방의 최선책이라는 사실입니다.

근로기준법 제17조에 따라 근로계약서는 임금, 소정근로시간, 휴일, 연차유급휴가 등 필수 사항을 서면으로 명시해야 합니다. 누락 시 사업주에게 5백만 원 이하의 과태료가 부과될 수 있습니다.

현장에서 가장 빈번하게 발생하는 문제는 임금 구성항목의 불명확성, 근로시간 특정 부재, 휴게시간 미기재입니다. 특히 기간제 근로자의 경우 계약기간과 갱신조건을 명확히 하지 않아 무기계약 전환 분쟁이 자주 발생합니다.

근로계약서는 반드시 2부 작성하여 사용자와 근로자가 각 1부씩 보관해야 합니다. 계약 변경 시에는 당사자 간 합의에 따라 서면으로 진행해야 합니다.

인사노무팀장으로서 대표님께 강조드리고 싶은 것은, 근로계약서 작성에 투자하는 시간과 비용이 추후 발생 가능한 노동분쟁 해결 비용의 백분의 일에도 미치지 못한다는 점입니다. 명확한 근로계약서는 기업과 근로자 모두를 보호하는 가장 효과적인 방법입니다.

2. 근로계약서의 법적 의미

근로계약서는 근로자와 사용자 간의 명확한 근로조건을 설정하고 상호 권리와 의무를 명확히 하는 중요한 도구로서 아래와 같은 중요한 의미를 가집니다.

- 근로조건의 명시 및 증명 기능
- 노동분쟁 발생 시 1차적 판단기준
- 근로자 권리보호 장치
- 사용자의 의무 명확화 수단

그럼에도 불구하고, 오늘도 만나는 대표님, 인사담당 실무자는 근로계약서에 대해 관심이 없어 형식적으로 근로계약서를 쓰거나 아예 근로계약서 자체를 쓰지 않는 경우도 많습니다. 노무사의 관점에서 보자면 이러한 업체들은 언제든 노무 이슈가 발생해도 전혀 어색하지 않은 곳들입니다.

027.
[노무관리진단] 근로계약서 작성 실무, 이것만은 놓치지 말자

1. 필수 기재사항 완벽히 담기

근로기준법 제17조에 따라 근로계약서에는 반드시 포함해야 할 사항들이 있습니다. 그러나 많은 기업들이 표준양식을 그대로 사용하면서 실제 근로조건과 맞지 않는 내용을 담거나 중요 항목을 누락하는 경우가 많습니다.

가. 임금 관련 사항

임금 구성항목(기본급, 직책수당, 식대, 교통비 등), 계산방법, 지급방법을 구체적으로 기재해야 합니다. 특히 최저임금 준수를 위해 통상임금 산정 항목을 명확히 구분하는 것이 중요합니다. "기타 회사 규정에 따른다."라는 모호한 표현은 추후 분쟁의 원인이 됩니다.

실제 현장 사례를 말씀드리자면, A기업은 영업직 사원들에게 '기본급+인센티브' 형태로 급여를 지급했으나, 기본급이 최저임금에 미달하여 퇴직자들의 최저임금 차액 청구로 약 8천만 원의 추가 비용이 발생했습니다.

나. 근로시간과 휴게시간의 경우

시업과 종업 시각, 휴게시간을 구체적으로 명시해야 합니다. '9시 출근, 6시 퇴근, 12시~1시 점심시간'과 같이 명확하게 기재하세요. 교대근무, 탄력근로제 등 특수한 근무형태는 더욱 상세히 기술해야 합니다.

다. 휴일 및 연차유급휴가의 경우

주휴일 지정 방식(예: 매주 일요일)과 연차유급휴가 부여 기준을 명시해야 합니다. 연차휴가 사용방법과 미사용 시 처리 방안도 함께 기재하면 좋습니다.

2. 고용형태별 맞춤형 접근

단일 형태의 표준계약서로는 다양한 고용형태를 모두 커버할 수 없습니다.

고용형태별로 유의해야 할 포인트를 꼭 기억하세요.

가. 기간제 근로자의 경우

계약기간의 시작일과 종료일을 명확히 기재하고, 갱신 가능성과 조건을 구체적으로 명시해야 합니다. 특히 계약 만료 통보 시기와 방법을 기재하는 것이 중요합니다. 기간제법에 따라 2년 초과 사용 시

무기계약으로 전환되는 점과 예외 사유(전문직, 고령자 등)를 정확히 이해해야 합니다.

실제 현장 사례를 살펴보면, B회사는 전문직 계약직 직원을 5년간 계속 사용하면서 2년마다 계약서를 갱신했으나, 해당 직무가 전문직 예외에 해당하지 않아 무기계약 전환 인정 및 해고 무효 판정을 받았습니다.

나. 단시간 근로자의 경우

주당 근로시간과 근무일별 근로시간 배분을 구체적으로 명시해야 합니다. 특히 주 15시간 미만 근로자의 경우 퇴직금, 연차휴가 미적용 등 법적 특례를 계약서에 명확히 기재하는 것이 좋습니다.

다. 연봉제 근로자의 경우

연봉 총액, 구성항목, 지급방식을 상세히 기재해야 합니다. 특히 포괄임금제 적용 시 어떤 수당이 포함되었는지, 어느 범위까지 초과근로가 인정되는지 명확히 해야 합니다.

실제 현장 사례를 살펴보면, C기업은 연봉에 '제반 수당 포함'이라는 문구만 넣고 구체적 항목을 명시하지 않아, 퇴직 직원의 초과근로수당 청구 소송에서 패소하여 상당한 추가 비용을 부담했습니다.

3. 근로조건 변경 관리하기

많은 기업들이 간과하는 것이 근로조건 변경 시 절차입니다. 입사 시 작성한 근로계약서를 그대로 유지한 채 실제 근로조건만 변경하는 사례가 많습니다.

가. 변경 시 서면합의가 필요합니다.

근로조건 변경은 반드시 근로자의 동의를 받아 서면으로 이루어져야 합니다. 임금인상, 직무변경, 근무지 이동 등 주요 변경사항 발생 시 근로계약서를 갱신하거나 별도의 '근로조건 변경 합의서'를 작성하세요.

나. 근로자에게 불이익한 변경에 주의해야 합니다.

근로자에게 불리한 근로조건 변경은 개별 동의 없이 불가능합니다. 경영상 불가피한 경우라도 충분한 설명과 합리적 보상을 통해 동의를 구해야 합니다. 실제 현장 사례를 살펴보면, D회사는 경영 악화를 이유로 급여를 일방적으로 삭감했다가, 해당 조치가 무효화되어 삭감액 전액과 지연이자를 지급해야 했습니다.

4. 실무자가 놓치기 쉬운 디테일

가. 서명 및 날인, 놓치지 않도록 유의해야 합니다.

근로계약서는 사용자와 근로자 모두 서명 또는 날인 해야 합니다. 전자서명의 경우 전자서명법에 부합하는 방식으로 이루어져야 효력을 인정받습니다.

나. 교부 의무를 준수해야 합니다.

근로계약서는 반드시 2부 작성하여 사용자와 근로자가 각 1부씩 보관해야 합니다. 이메일 전송만으로는 교부 의무를 다했다고 보기 어렵습니다.

다. 보존 의무를 지킵시다.

근로계약서는 근로관계 종료 후 3년간 보존해야 합니다. 전자적 방식으로 보관할 경우에도 위변조 방지 조치가 필요합니다.

라. 사내 규정을 근로계약에 연계할 경우

취업규칙, 인사규정 등 사내 규정을 근로계약에 연계할 경우, 해당 규정을 근로자에게 충분히 설명하고 접근 가능하게 해야 합니다.

현장에서는 많이들 놓치고 계시지만, 근로계약서는 투자입니다.

근로계약서 작성은 단순한 행정업무가 아닌 노사관계의 안정적 토대를 구축하는 투자입니다. 10년 이상 노무 현장에서 경험한 바로는, 초기에 근로계약서 작성에 투자하는 시간과 비용이 훗날 발생할 수 있는 노동분쟁 비용의 수십 분의 일에 불과합니다.

현장에서 노무사로 활동하며 느낀 점은, 가장 많은 분쟁이 발생하는 시점이 근로관계 종료 시라는 점입니다. 입사 시점의 명확한 근로계약서는 퇴사 과정에서 발생할 수 있는 무수한 분쟁을 예방하는 최선의 방어막인 것입니다.

028.
[노무관리진단] 사업장 점검 준비 체크리스트

근로감독은 고용노동부가 사업장의 근로기준법 및 노동관계법령 준수 여부를 확인하는 절차입니다. 세무 영역에서 이루어지는 세무조사와 같은 개념으로 보시면 됩니다.

근로감독은 정기감독, 수시감독, 특별감독 등 다양한 형태로 진행되며, 사전 통보 없이 실시되는 경우도 많습니다. 따라서 평소에 철저한 준비가 필요합니다.

이를 위해 많은 기업들은 노무사에게 의뢰를 하여 '노무관리진단'을 받는데요. 오늘은 저희 인사노무팀이 여러 기업들을 노무관리진단을 하며 실제 미비한 것으로 확인된 것들을 정리해서 말씀드려 볼까 합니다.

1. 근로계약 관리

근로계약서는 근로감독의 기본 점검 대상입니다. 모든 근로자와 서면 계약서를 작성하고, 필수 기재사항인 임금, 소정근로시간, 휴일, 연차유급휴가 등이 명확히 기재되어 있는지 확인하세요. 또한 계약서 교부 증빙을 반드시 보관하시기 바랍니다.

취업규칙은 상시 10인 이상 사업장에서 의무적으로 작성·신고해야 합니다. 최신 법령을 반영하여 주기적으로 개정하고, 불이익 변경 시 근로자 동의 절차를 준수했는지 점검하세요.

2. 임금 관리

임금 관련 서류는 근로감독에서 가장 중점적으로 살펴보는 영역입니다.

가. 최저임금 준수

모든 근로자의 시간당 임금이 최저임금 이상인지 확인합니다. 기본급뿐만 아니라 식대, 직무수당 등 최저임금 산입 여부를 정확히 파악해야 합니다.

나. 임금대장 관리

임금항목별 구성내역을 명확히 기재하고, 공제 항목의 적법성을 확인합니다.

다. 임금명세서 교부

2021년부터 의무화된 임금명세서 교부 여부와 필수 기재사항 포함 여부를 점검합니다.

라. 체불임금 점검

연장근로수당, 야간근로수당, 휴일근로수당, 연차수당 등의 정확한 계산과 지급 여부를 확인합니다.

3. 근로시간 관리

근로시간 관련 법 위반은 빈번하게 적발되는 사항입니다:

가. 근로시간 기록

출퇴근 기록 관리 시스템을 통해 실제 근로시간을 정확히 기록·관리하고 있는지 확인합니다.

나. 연장근로 관리

주 52시간 근로시간 제한 준수 여부, 연장근로 합의서 작성 상태를 점검합니다.

다. 휴게시간 보장

법정 휴게시간(4시간당 30분, 8시간당 1시간) 부여 여부를 확인합니다.

4. 휴가·휴일 관리

가. 연차휴가

근로자별 연차휴가 발생 및 사용 현황을 정확히 관리하고, 연차휴가 사용 촉진 절차 이행 여부를 점검합니다.

나. 법정휴가

출산전후휴가, 육아휴직, 배우자 출산휴가, 가족돌봄휴가 등의 신청 및 부여 내역을 확인합니다.

5. 모성보호 및 일·가정 양립 지원

여성 근로자 보호조치, 임산부 근로시간 제한, 육아기 근로시간 단축 등 모성보호 및 일·가정 양립 지원 제도 이행 여부를 점검합니다.

6. 4대 보험 관리

- 모든 근로자의 4대 보험 가입 여부
- 보험료 산정 기준의 적정성
- 보험료 납부 상태

7. 근로환경 관리

- 안전보건교육: 정기 안전보건교육 실시 기록 보관
- 산업재해 예방: 안전보건관리책임자 선임, 위험성평가 실시 증빙
- 직장 내 괴롭힘 방지: 예방 정책 수립 및 교육 실시 여부

근로감독 대응 실무 팁 다섯 가지

1. 서류 정리의 중요성
- 모든 노무관리 서류는 체계적으로 정리하여 즉시 제출 가능한 상태로 보관하세요.

2. 주기적인 자체점검
- 최소 분기별로 자체 노무감사를 실시하여 미비점을 사전에 발견하고 개선하세요.

3. 법 개정사항 모니터링
- 노동관계법령은 매년 변경되므로, 최신 법령 동향을 지속적으로 파악하세요.

4. 근로자 소통 강화
- 근로조건 변경, 임금 지급 등에 대해 근로자와의 소통을 강화하여 불필요한 민원 발생을 예방하세요.

5. 전문가 자문 활용
- 복잡한 노무 이슈는 전문가의 자문을 받아 선제적으로 대응하세요.

근로감독 시 유의사항

1. 성실한 자세
- 감독관의 질문에 성실히 답변하고, 요청 자료는 신속히 제출하세요.

2. 개선 의지 표명
- 위반사항 지적 시 개선 의지를 명확히 표명하고 구체적인 개선 계획을 수립하세요.

3. 시정 기한 준수
- 시정지시 사항은 기한 내에 반드시 이행하고, 이행 결과를 증빙자료와 함께 제출하세요.

근로감독은 두려워할 대상이 아닌, 사업장의 노무관리 수준을 향상시키는 기회로 삼는 것이 중요합니다. 평소 철저한 준비와 정기적인 자체점검을 통해 법적 리스크를 최소화하시기 바랍니다.

사업장마다 상황이 다를 수 있으므로, 구체적인 사항은 개별 상담을 통해 확인하시는 것이 좋습니다. 당연한 이야기지만 근로감독은 평소 준비가 가장 중요합니다.

029.
[산업재해] 산업재해 발생 시 이렇게 조치하세요

산업재해 발생 시 사업주와 근로자가 취해야 할 조치사항에 대해 안내해 드리고자 합니다.

1. 산업재해 발생 직후 긴급 조치

가. 즉각적인 응급 처치 및 의료기관 이송

산업재해가 발생하면 무엇보다 근로자의 생명과 안전이 최우선입니다. 사업장 내 응급처치 담당자는 즉시 기본 응급처치를 실시하고, 119에 신고하여 의료기관으로 신속히 이송해야 합니다. 이 과정에서 부상 부위, 출혈 상태 등을 정확히 파악하고 전달하는 것이 중요합니다.

나. 2차 사고 예방 조치

사고 현장을 신속히 통제하여 추가 피해를 방지해야 합니다. 전기 사고의 경우 전원 차단, 화학물질 누출 시 확산 방지 등 상황에 맞는 안전 조치를 취하고, 사고 현장 주변의 작업자들을 안전한 곳으로 대피시켜야 합니다.

2. 법적 신고 및 보고 의무 이행

가. 산업재해 발생 신고(필수)

중대재해가 발생한 경우, 사업주는 지체 없이(사고 발생 후 24시간 이내) 관할 지방고용노동청에 신고해야 합니다. 중대재해의 기준은 다음과 같습니다:

> - 사망자가 1명 이상 발생한 재해
> - 3개월 이상의 요양이 필요한 부상자가 동시에 2명 이상 발생한 재해
> - 부상자 또는 직업성 질병자가 동시에 10명 이상 발생한 재해

나. 산업재해조사표 제출

사업주는 산재 발생일로부터 1개월 이내에 산업재해조사표를 작성하여 관할 지방고용노동청에 제출해야 합니다. 이를 지연하거나 누락할 경우 과태료가 부과될 수 있으니 유의하시기 바랍니다.

3. 산재보험 신청 및 처리

가. 요양급여 신청

재해를 입은 근로자 또는 사업주는 근로복지공단에 요양급여를 신청해야 합니다.

신청 시 다음 서류가 필요합니다:

- 요양급여신청서
- 초진 진료기록지
- 의사소견서
- 재해경위서(사고 당시 상황을 상세히 기록)
- 출근부, 임금대장 등 근로관계 입증서류

나. 휴업급여 신청

요양기간 중 임금을 받지 못하는 경우, 근로자는 휴업급여를 신청할 수 있습니다. 평균임금의 70%가 지급되며, 최저임금 미만일 경우 최저임금액을 기준으로 산정됩니다.

4. 사업장 내 후속 조치

가. 재발 방지 대책 수립

유사 사고의 재발을 방지하기 위해 사고 원인을 철저히 분석하고, 구체적인 예방 대책을 수립해야 합니다. 이는 단순한 형식적 절차가 아닌, 실질적인 위험요소 제거를 목표로 해야 합니다.

나. 안전교육 강화

사고 발생 후 전 직원을 대상으로 특별 안전교육을 실시하여 유사

사고에 대한 경각심을 고취하고, 안전수칙 준수의 중요성을 재인식시켜야 합니다.

다. 안전보건관리체계 점검

사업장의 전반적인 안전보건관리체계를 재점검하고, 미흡한 부분을 보완해야 합니다. 특히 중대재해처벌법 시행에 따라 경영책임자의 안전보건 확보 의무가 강화되었으므로, 체계적인 관리시스템 구축이 필수적입니다.

5. 산재 근로자 복귀 지원

가. 직장복귀 프로그램

치료 종결 후 해당 근로자의 원활한 직장 복귀를 위해 단계적 업무복귀, 업무 조정, 필요시 직무 재배치 등을 고려해야 합니다. 근로복지공단에서는 직장복귀지원금 등 다양한 지원제도를 운영하고 있으니 적극 활용하시기 바랍니다.

나. 심리적 지원

산재 후 근로자가 겪을 수 있는 외상 후 스트레스, 우울증 등에 대한 심리적 지원도 중요합니다. 근로복지공단의 심리상담 서비스 등을 활용할 수 있습니다.

산업재해는 예방이 최우선이지만, 불가피하게 발생했을 때 신속하고 적절한 대응은 피해를 최소화하고 근로자의 회복을 촉진하는 데 매우 중요합니다. 특히 2022년부터 시행된 중대재해처벌법으로 인해 사업주와 경영책임자의 책임이 강화되었으므로, 산업재해 예방 및 대응에 더욱 만전을 기해야 합니다.

6. 산업재해로 인한 법적 분쟁 발생 가능

만약 산업재해 인정 여부를 두고 근로복지공단과 다툼이 발생할 경우, 행정심판(심사청구, 재심사청구) 및 행정소송을 진행할 수 있습니다.

산재 관련 민·형사 소송이 발생할 경우, 변호사와 협력하여 대응해야 합니다. 특히 저희 경영지원팀은 산재와 관련하여 특화된 노무사는 물론 변호사도 함께 팀을 이루고 있는바, 언제든 도움을 요청하실 수 있습니다.

030.
[산업재해] 산업재해, 이렇게 대비하세요

산업재해는 예방이 최우선이며, 발생했을 경우 신속하고 체계적인 대응이 필수적입니다. 사전에 사업주와 근로자가 함께 산업재해 예방 문화를 정착시키도록 대비하는 것이 중요합니다.

사업장 규모와 특성을 고려하여 산업재해 발생 원인을 분석하고, 재발 방지 대책 등을 수립하여 아래와 같이 산업재해를 예방하여야 합니다.

1. 체계적인 안전보건관리체계 구축

가. 경영진의 안전보건 의지 천명

산업재해 예방의 첫걸음은 경영진의 확고한 의지입니다. 중대재해처벌법 시행으로 경영책임자의 안전보건 확보 의무가 법제화된 만큼, 명확한 안전보건 방침을 수립하고 전 직원에게 공유해야 합니다. 경영층이 정기적으로 안전관리에 참여하고, 안전보건 관련 회의를 주재하는 등 가시적인 리더십을 보여 주는 것이 중요합니다.

나. 안전보건관리 조직 구성 및 역할 명확화

사업장 규모에 맞는 안전보건관리 조직을 구성하고, 각 구성원의 역할과 책임을 명확히 해야 합니다. 안전관리자, 보건관리자, 관리감독자 등이 실질적인 권한을 가지고 활동할 수 있도록 지원체계를 마련해야 합니다.

다. 안전보건 예산 및 인력 확보

산업재해 예방을 위한 적정 수준의 예산과 인력을 확보해야 합니다. 특히 안전장비, 보호구, 작업환경 개선, 안전교육 등에 필요한 예산을 계획적으로 배정하고 집행해야 합니다.

2. 위험성평가 실시 및 개선조치

가. 체계적인 위험성평가 실시

모든 작업과 공정에 대해 정기적인 위험성평가를 실시해 잠재적 위험요인을 식별하고 평가해야 합니다. 단순한 서류작업이 아닌, 현장 작업자가 참여하는 실질적인 위험성평가가 이루어져야 합니다. 다음과 같은 단계로 진행합니다:

- 작업 및 공정 파악
- 유해위험요인 식별
- 위험성 추정 및 결정
- 위험성 감소대책 수립 및 실행
- 기록 및 사후관리

나. 위험등급에 따른 우선순위 설정

식별된 위험요인은 위험성 크기에 따라 등급을 부여하고, 고위험 요인부터 우선적으로 개선해 나가야 합니다. 특히 중대재해로 이어질 수 있는 위험요인에 대해서는 즉각적인 개선조치가 필요합니다.

다. 본질적 안전 확보

위험 제거 → 대체 → 공학적 대책 → 관리적 대책 → 개인보호구 순으로 대책을 검토하여 가능한 본질적 안전을 확보하는 방향으로 개선조치를 실시해야 합니다.

3. 효과적인 안전보건교육 실시

가. 법정 안전보건교육 충실화

정기교육, 채용 시 교육, 작업내용 변경 시 교육, 특별안전교육 등 법정 안전보건교육을 충실히 실시해야 합니다. 단순한 시간 채우기가 아닌, 실제 현장에서 활용 가능한 실무 중심의 교육이 되어야 합니다.

나. 맞춤형 안전교육 콘텐츠 개발

업종, 직종, 작업 특성에 맞는 맞춤형 교육자료를 개발하고, 실제 사고사례를 중심으로 한 교육을 통해 현장 작업자의 안전의식을 고취시켜야 합니다. 특히 신규 채용자, 외국인 근로자, 고령 근로자 등 취약계층을 위한 특화된 교육이 필요합니다.

다. 작업 전 안전미팅(TBM) 활성화

매일 작업 시작 전 5~10분간 해당 작업의 위험요인과 안전대책을 논의하는 TBM(Tool Box Meeting)을 활성화해야 합니다. 형식적인 진행이 아닌, 실제 작업자들이 참여하여 의견을 나누는 소통의 장이 되어야 합니다.

4. 안전작업 절차 수립 및 준수

가. 표준작업절차(SOP) 수립

모든 위험작업에 대한 표준작업절차를 수립하고, 이를 현장에서 쉽게 확인할 수 있도록 해야 합니다. 절차는 현장 작업자의 의견을 반영하여 실행 가능하고 효과적인 내용으로 구성해야 합니다.

나. 작업허가제 운영

고위험 작업(밀폐공간 작업, 고소작업, 화기작업, 정전작업 등)에 대해서는 작업허가제를 운영하여 작업 전 안전조치 확인, 작업 중 모니터링, 작업 후 점검의 절차를 거치도록 해야 합니다.

다. 안전수칙 준수 문화 조성

안전수칙을 준수하는 문화를 조성하기 위해 긍정적 강화와 부정적 피드백을 적절히 활용해야 합니다. 안전수칙 준수자에 대한 인센티브 제공과 함께, 안전수칙 위반 시 즉각적인 피드백과 교육이 이루어져야 합니다.

5. 협력업체 안전관리 강화

가. 협력업체 선정 시 안전역량 평가

협력업체 선정 시 가격, 기술력뿐만 아니라 안전관리 역량을 중요한 평가요소로 반영해야 합니다. 협력업체의 안전관리 시스템, 사고 이력, 안전교육 실시 여부 등을 종합적으로 평가해야 합니다.

나. 도급사업 안전보건협의체 운영

원청과 협력업체가 참여하는 안전보건협의체를 정기적으로 운영하여 위험정보 공유, 합동 안전점검, 안전교육 등을 함께 추진해야 합니다.

다. 작업장 혼재 작업 관리

원청과 협력업체, 또는 여러 협력업체의 작업이 혼재되는 경우 작업일정 조정, 작업구역 분리, 신호수 배치 등을 통해 안전하게 작업이 이루어지도록 관리해야 합니다.

6. 설비 및 시설 안전관리

가. 위험기계·기구 안전인증 및 자율안전확인

산업안전보건법에 따른 안전인증 및 자율안전확인 대상 기계·기구·설비는 반드시 인증을 받은 제품을 사용해야 하며, 정기적인 점검을 통해 안전장치의 정상 작동을 확인해야 합니다.

나. 노후설비 관리 강화

사용 연한이 오래된 설비는 정기적인 안전진단을 통해 위험요인을 사전에 파악하고, 계획적인 보수·교체를 실시해야 합니다.

다. 작업환경 측정 및 개선

유해인자(화학물질, 소음, 분진 등)에 대한 작업환경 측정을 정기적으로 실시하고, 기준 초과 시 즉각적인 개선조치를 취해야 합니다.

7. 비상대응체계 구축

가. 비상시나리오 수립 및 훈련

화재, 폭발, 누출, 질식 등 주요 비상상황에 대한 시나리오를 수립하고, 정기적인 비상대응 훈련을 통해 실행력을 확보해야 합니다.

나. 응급처치 역량 강화

사업장 내 응급처치 담당자를 지정하고, 정기적인 교육을 통해 응급상황 발생 시 신속하게 대응할 수 있는 역량을 갖추도록 해야 합니다.

8. 산업재해 대비방안 요약

가. 안전보건관리 체계 구축

- 사업장 안전보건관리 규정을 수립하고 전 직원이 준수하도록 교육
- 안전보건책임자 및 관리자 선임 (안전보건관리책임자, 안전관리자, 보건관리자 등)
- 정기적인 안전 점검

나. 근로자 교육 강화

- 신규 근로자뿐만 아니라 기존 근로자 대상 산업안전보건 교육 의무 이행(정기적인 안전보건 교육)

- 비상 대응훈련을 통해 사고 발생 시 신속한 대처 능력 향상(비상 대응훈련)

다. 보호장비 및 작업환경 개선(정기적인 위험성 평가)

- 작업 특성에 맞는 안전보호구 지급 및 사용 관리
- 기계·설비에 대한 정기 점검 및 안전장치 부착
- 위험성이 높은 작업에는 사전 작업 허가제도(Work Permit System) 도입

라. 중대재해처벌법 대비

사업장은 안전보건 확보 의무를 철저히 준수해야 하며, 이를 위반하면 사업주가 형사처벌 대상이 될 수 있습니다.

최근 법령개정으로 2024년 1월 27일부터 상시근로자 수 5인 이상의 모든 사업장에 중대재해처벌법이 적용됩니다.

만약, 중대재해 사고가 발생하면 사업주는 1년 이상 징역에 처할 수 있는 등 산업안전보건법보다 엄하게 처벌할 수 있습니다.

형사처벌 사항을 간략히 요약하면 아래와 같습니다:

> - 사망사고 시: 1년 이상 징역 또는 10억 원 이하 벌금
> - 사망 외 재해사고: 7년 이하 징역 또는 1억 원 이하 벌금
> * 징역과 벌금은 임의적 병과가 가능하며, 5년 내 재범 시에는 형의 1/2까지 가중
> ** 양벌규정(법인)에 따라 사망사고 시 법인에 50억 원 이하 벌금, 사망 외 재해사고 시 법인에 10억 원 이하 벌금

상시근로자 수 5인 이상의 사업주(개인사업자 포함)는 중대산업재해 예방을 위한 조치로서 안전보건관리체계를 갖추고 이행하여야 합니다.

법령 개정사항을 주기적으로 점검하고, 변호사 및 노무사와 협력하여 대응하여야 합니다. 산재뿐 아니라 형사 전문 변호사의 도움도 함께 필요하므로 저희 경영지원팀에 소속된 법무팀 그룹이 큰 도움을 줄 수 있을 것입니다.

9. 산업재해 예방은 선택이 아닌 필수

산업재해 예방은 일회성 활동이 아닌 지속적인 관리와 개선이 필요한 과정입니다. 특히 중대재해처벌법 시행으로 사업주와 경영책임자의 안전보건 확보 의무가 강화된 만큼, 형식적인 안전관리가 아닌 실질적인 위험 감소에 초점을 맞춘 안전보건활동이 이루어져야 할 것입니다.

031.
[산업재해] 근로시간과 산업재해에 관한 최근 이슈

최근 어느 업체의 근로계약서를 검토하다가 눈에 띈 것이 있어 대표님께 말씀드렸습니다.

	월	화	수	목	금	토	일
근무시간	21:00~ 익일6시	21:00~ 익일6시	21:00~ 익일6시	21:00~ 익일6시	21:00~ 익일6시	21:00~ 익일6시	주휴일
휴게시간	00:00 ~ 01:00	00:00 ~ 01:00	00:00 ~01:00	00:00~ 01:00	00:00~ 01:00	00:00~ 01:00	

노무사: 대표님, 우리 물류 담당자 근로시간을 변경해야 할 것 같습니다.

대표님: 우리 법 잘 지키고 있어. 주 52시간 초과하지 않고 근로기준법 준수하면 근무하고 있는걸?

위 시간표를 보면, 저녁 9시 출근하여 다음 날 아침 6시 근무하는 경우 휴게시간을 제외하고 1일 8시간 근무를 하고 있습니다. 즉, 1

일 8시간×6일=1주 48시간 근무를 하고 있으므로 주 52시간을 초과하지 않고 있습니다. 대표님 말씀대로 근로기준법상 연장근로 12시간을 초과하지 않아 문제가 없습니다.

그런데, 왜 노무사가 근로시간을 변경하자고 했을까요? 위 시간표처럼 근무하던 근로자가 뇌심혈관계 질병이 발생하는 경우 산업재해로 인정될 수 있기 때문입니다.

주 52시간을 초과하지 않는 근무인데, 왜 산업재해로 인정을 받을까요?

그 이유는 야간근로 때문입니다. 근로기준법은 오후 10시부터 익일 오전 6시까지를 법상 야간근로로 정의하고 있습니다. 위 근로시간의 경우 1일 7시간 [=오후 10시부터 익일 오전 6시(8시간)-휴게시간(1시간)]의 야간근로를 하고 있습니다. 이 경우 산업재해 판단에 있어서는 오후 10시부터 익일 오전 6시까지 수행한 업무시간을 산출한 후 30% 가산합니다.

즉, 1일 기준: 오후 9시에서 10시까지 업무시간(1시간)+[오후 10시부터 익일 오전 6시까지의 업무시간-식사시간 1시간(7시간)]×1.3=10.1시간
1주 기준: 10.1시간×6일=60.6시간이 됩니다.

야간근로를 반복적으로 할 경우 뇌심혈관계 질환이 급증할 수 있다는 것은 여러 연구자료를 통해 확인된 객관적 사실입니다. 이에 최근 근로복지공단은 이러한 근거를 바탕으로 야간근로의 경우 같은 시간의 주간 근로와 달리 산업재해 발생 가능성을 높다고 판단하고 있는 것입니다(다만, 아파트 경비원과 같은 이른바 감시단속적 근로자에 대해서는 위와 같은 근로시간 계산법을 적용하지는 않으니 참고하시면 좋을 것 같습니다).

위 사례는 비록 근로기준법 위반은 아니지만, 산업재해 발생 시 산업안전보건법 위반이 될 수 있으며 산재를 입은 근로자가 민사상 손해배상 청구를 한다면, 충분히 문제가 될 수 있는 사안입니다. 또한 이 점과 관련해서는 고용노동부가 근로감독을 실시할 가능성도 있습니다.

요컨대 대표님은 근무시간을 모니터링하면서, 직원의 장시간 근무, 특히 야간 근로시간을 줄이고 추가 채용 또는 업무 효율화 조치를 해야 합니다. 이러한 법적 리스크 관리 노력만이 기업 운영의 장기적 안정성을 가져올 수 있습니다.

032.
[산업재해] 근로자가 일을 하다가 다쳤습니다. 근로자는 산재로 처리해 달라는데, 산재 이력이 있으면 회사에 불이익이 있다고 하여 산재 신청 대신 근로자와 개별 합의를 고려 중입니다. 법적으로 문제가 없을까요?

업무상 부상이나 질병은 반드시 산재보험으로 처리해야 합니다.

많은 대표님들이 산재 처리를 꺼리는 이유는 산재가 발생하면 회사에 불이익이 있다고 오해하기 때문입니다. 하지만 이는 사실이 아닙니다. 산재보험은 사업주의 재해 보상 책임을 보험으로 해결하기 위한 제도입니다.

먼저 대부분의 중소기업은 산재가 발생한다고 하더라도 산재보험 료율이 급격하게 변동하지 않습니다. 오히려 대기업 협력업체 등록, 입찰에 있어 산재 발생 건수보다 산재 은폐 적발에 대한 불이익이 더 큽니다.

한편, 산업재해 발생 시 근로자와 산재 신청을 하지 않기로 하고, 그 대신 일정 금액을 지급하는 방식의 합의(일명 '공상합의')는 근로기준법과 산업재해보상보험법에 위배되어 법적 효력이 없습니다. 따라서 근로자가 공상합의를 어기고 산재 신청을 하더라도 근로자는 정상적으로 산재 처리를 할 수 있으며, 회사는 산재 은폐에 대한 책임을 지게 됩니다.

또한 공상합의는 결국 더 큰 비용 부담으로 이어질 수 있습니다. 초기에는 비용이 적게 들 것 같지만, 치료가 장기화되거나 후유장애가 발생하면 사업주의 부담이 크게 증가합니다. 반면 산재보험으로 처리하면 치료비, 휴업급여, 장해급여 등 모든 비용을 근로복지공단이 부담하게 됩니다. 따라서 공상합의보다는 적법하게 산재 처리하는 것이 장기적으로 회사에 도움이 됩니다.

적법한 산재 처리는 생각보다 간단합니다. 근로자가 근로복지공단에 산재 관련 급여를 신청하는 경우 필요한 서류 등을 제공하고, 관할 고용노동부에 산업재해조사표 등 필수 서류를 제출하면 됩니다.

산업재해보상보험은 근로자뿐만 아니라 사업주의 부담을 덜어 주기 위해 만들어진 제도라는 점, 꼭 기억하시기 바랍니다!

033.
[노무지원금] 직원을 채용하면 지원금을 받을 수 있다는데, 우리 회사는 어떤 지원금을 받을 수 있나요? 그리고 지원금을 받으려면 어떻게 해야 하나요?

고용노동부는 일자리 창출, 고용 유지, 출산휴가·육아휴직 부여 등으로 노동정책에 기여한 회사를 장려하기 위해 일정한 지원금을 지급합니다. 예컨대 청년, 장기 실업자, 고령자 등 이른바 '취업취약계층'을 고용한 경우에는 청년일자리도약장려금, 고용창출장려금, 고령자지원금 등의 혜택을 받을 수 있습니다(2025년 2월 기준).

하지만 모든 기업이 같은 지원을 받을 수 있는 것은 아닙니다. 같은 업종, 비슷한 규모라도 인력 구성이나 실제 채용 현황, 재정 상태에 따라 지원제도의 수혜를 받을 수도, 못 받을 수도 있습니다.

고용노동부는 매년 1월에 고용지원사업 안내 책자를 PDF와 한글 파일로 배포합니다. 고용노동부의 인건비 지원 정책을 미리 확인해서 우리 회사가 받을 수 있는 지원금은 무엇인지, 신청부터 지원 요건 심사, 수령까지 각 절차는 어떻게 진행해야 하는지 체크하는 것이 중요합니다. 지원제도의 내용을 고려해 그해의 채용 등 인력활용계획을 세우는 것도 좋은 방법입니다.

만약 우리 회사가 청년을 신규 채용할 예정이라면, 청년채용지원제도의 구체적인 지원 요건, 지원금 신청 프로세스의 내용을 꼼꼼히 파악하고 대상자를 고용할 수 있도록 준비해야 합니다.

[참고] 지원요건 미달로 지원금을 지급받지 못한 사례

1. A기업은 202X년 청년일자리도약장려금을 고려하여 만 32세의 청년을 신규 채용했습니다. 해당 직원을 지원 대상자로 등록하기 위해 운영기관에 심사를 요청했지만 "해당 직원은 입사일 기준 사업자로 등록되어 있어 지원금을 받을 수 없다"라는 답변을 받았습니다. 청년일자리도약장려금은 '입사일 현재 사업자등록을 한 자'를 지원 대상에서 제외하는데요, 기업에서 이 부분까지 미처 검토하지 못한 것입니다.
2. B기업은 201X년 청년을 신규 채용하고 청년추가고용장려금을 신청했습니다. ① 4대보험 가입, ② 최저임금 준수는 고용지원금의 필수 요건인데요, 회사의 관행에 따라 수습기간 3개월을 4대보험에 가입하지 않고 사업소득으로 처리하는 바람에 지원금을 받지 못했습니다.

한 가지 주의할 점! 지원금을 받았더라도 추후 고용노동부 전수조사를 통해 부정수급으로 판정되면 지원금 환수는 물론 형사처벌 등 추가적인 제재를 받을 수 있다는 것입니다(부정수급에 대해서는 다음 편에서 자세히 설명드리도록 하겠습니다).

고용지원금을 나라에서 주는 '눈먼 돈'으로 생각하는 경우가 많습니다. 하지만 국가에서 지급하는 만큼 지원 자격 검토부터 지원금 수령까지 신중히 진행해야 합니다. 내부 인력만으로 고용지원금 제도를 수행하기가 어렵다면 공인노무사 등 고용지원금 전문가의 도움을 받는 것도 추천드립니다.

고용노동부 지원제도, 잘 활용하셔서 인건비 부담 줄여 보시기 바랍니다.

034.
[노무지원금] 고용지원금 부정수급, 어떤 불이익이 있나요?

고용지원금 부정수급이란 지원금을 받을 자격이 없음에도 불구하고 허위 신고나 조작을 통해 부당하게 수령하는 것입니다. 지원금을 신청할 때 제출한 계획과 실제 수행 이력이 다른 경우, 또는 실제로 근무하지 않는 사람을 직원으로 채용한 것처럼 꾸미는 경우가 있습니다.

고용노동부는 고용지원금 부정수급을 예방하기 위해 지원요건 심사 단계를 강화하고, 정기적으로 전수조사를 실시하고 있습니다. 부정수급으로 적발되면 다음과 같은 불이익을 받습니다.

1. 이미 받은 지원금 전액 반환
2. 부정수급액의 최대 5배 추가 징수
3. 최대 1년간 모든 고용지원사업 참여 불가
4. 최대 5년 이하의 징역 또는 5천만 원 이하의 벌금
5. (부정수급액이 5억 원 이상인 경우) 특정경제범죄가중처벌법 적용되어 최소 3년 이하의 징역

부정수급은 고의로 일어나는 경우가 대부분입니다. 하지만 아래 사례처럼 사업주가 '몰라서' 발생하기도 합니다. 이런 경우도 관계법령에 따라 처벌 대상이 되기 때문에 각별한 주의가 필요합니다.

[참고] 고용지원금 부정수급 실제 사례

1. 계약직 근로자와 정규직 근로계약서를 작성하고 정규직 직원만 받을 수 있는 지원금을 받은 사례

   C회사는 계약직 직원 홍길동과 2020년 1월 2일부터 2021년 12월 31일까지의 계약직 근로계약을 체결했습니다. 그리고 "계약직을 정규직으로 속여서 지원금을 받을 수 있고, 아무 문제 없을 거다, 다 이렇게 한다"라는 외부 컨설턴트의 말만 믿고 이 직원을 정규직으로 속여 고용센터에 허위 정규직 근로계약서를 제출, 지원금을 수령했습니다.

   2021년 12월 31일, 계약기간이 끝나자 C회사는 홍길동에게 계약 해지를 통보하고 홍길동의 고용보험 상실 사유를 '계약기간 만료'로 신고했습니다.

   이 사건은 고용노동부의 정기 전수조사를 통해 발각되었는데요, 고용노동부는 ① 계약기간 만료로 근로계약을 종료하고 실업급여를 받게 한 것으로 보아 홍길동은 정규직이 아닌 계약직 직원이므로, ② 정규직 직원을 채용했다며 지원금을 받은 것은 부정수급에 해당한다고 인정했습니다. 그 결과 C회사는 아래와 처분을 받았습니다.

   ① 지급받은 지원금 전액 반환
   ② 지원금의 200% 추가 징수(관계법령 개정 전 기준 적용)
   ③ 대표이사 보조금법 위반죄로 형사처벌

2. 담당 직원이 지원요건을 제대로 살피지 않고 지원금을 신청, 수령하여 대표이사가 형사처벌을 받은 사례

D회사의 프리랜서 강감찬이 정규직으로 채용되었습니다. 경영지원팀 직원 김완용은 강감찬을 대상으로 청년 고용 지원금을 신청했는데, 이 지원금은 '정규직 채용일 전에 프리랜서, 사업소득자 등으로 활동한 경우'에는 받을 수 없는 것이었습니다. 하지만 김완용은 막연히 별다른 문제가 없을 것이라고 생각했고, D회사는 약 18,000,000원의 지원금을 수령했습니다. 그러나 고용노동부가 국세청과 연계 실시한 전수조사 결과 위 사실이 드러났습니다. 대표이사는 자신이 이 사건에 대해 전혀 몰랐다고 항변했고, 김완용 본인도 자신이 지원금 수급요건을 대수롭지 않게 생각해 일어난 문제라고 진술했지만 지원금 전액 환수 및 추징, 대표이사 형사처벌을 피할 수는 없었습니다. 아울러 D회사는 1년간 모든 지원금 사업에 참여할 수 없게 되었습니다.

> **035.**
> **[실업급여]** 자진퇴사 하는 근로자가 실업급여를 받을 수 있도록 계약기간 만료 또는 권고사직으로 신고해 달라고 합니다. 이렇게 처리해도 문제가 없을까요? 우리 회사 퇴사자가 실업급여를 많이 받으면 회사에 불이익이 있지는 않을지 걱정됩니다

직원을 위해 4대보험 상실신고 시 퇴사 사유를 허위로 기재하거나, 실업급여를 받는 직원을 고용하고 소득을 신고하지 않는 것은 사업주가 실업급여 부정수급에 '공모'하는 행위입니다. 따라서 실업급여 부정수급 사실이 적발되면 부정수급자인 근로자는 물론이고 사업주도 행정상, 형사상 책임을 부담해야 합니다.

실업급여 부정수급을 다른 회사, 남의 일이라고 생각하는 대표님들이 많습니다. 하지만 고용노동부의 실업급여 부정수급 조사 및 적발 프로세스는 날이 갈수록 정교해지고 있습니다. 주변 지인이나 내부자의 고발로 실업급여 부정수급이 드러나는 사례도 매우 많습니다.

그렇다면 실업급여 부정수급에 공모한 사업주는 어떤 책임을 부담하게 될까요?

먼저 사업주는 부정수급자가 반환해야 하는 실업급여와 추징금(최대 실업급여액의 5배)에 대한 연대책임을 지게 됩니다. 만약 부정수급자가 실업급여만 반환하고 추징금은 낼 수 없다고 버티면 사업주가 대신 추징금을 납부해야 하는 것입니다.

그뿐만 아니라 실업급여 부정수급에 적극 가담하거나, 근로자가 부정수급 한 급여를 일부 돌려받는 경우, 부정수급 한 급여액이 과다한 경우에는 벌금, 징역형 등 형사처벌의 대상이 됩니다.

직원의 편의를 위해 허위로 한 4대 보험 상실신고 단 한 건이 우리 회사의 존립을 뒤흔드는 리스크로 돌아올 수 있습니다.

036.
[법정필수교육] 법정필수교육, 꼭 해야 하나요?

Q: 법정필수교육 어떻게 해요? 광고가 너무 많이 와요. 그냥 생략해도 되는 것 아닌가요?

현장에서 자주 듣는 이야기입니다. 대표님, 그리고 실무자 입장에서는 법정교육필수교육이 번거롭기만 한 일일지 몰라도, 엄연히 우리 사업장에서는 실시해야 하는 교육을 확인하고, 교육을 반드시 해야 하는 것이 맞습니다. 물론 회사에서 직접 교육을 실시하셔도 되고, 광고를 하는 교육업체에 의뢰하여 실시하셔도 됩니다. 해당 업체들은 노동부로부터 인가받은 곳들이기 때문입니다.

법정필수교육은 업종별로 추가될 수 있지만,

1. 직장 내 성희롱 예방 교육
2. 직장 내 괴롭힘 예방 교육
3. 직장 내 장애인 인식개선 교육
4. 산업안전보건 교육
5. 퇴직연금교육
6. 개인정보보호교육

등이 있습니다.

이와 관련해 몇 가지 주의해야 할 법정필수교육에 대해서 말씀드리자면,

직장 내 성희롱 예방 교육

직장 내 성희롱 교육은 1년에 1회 이상 매년 실시해야 합니다. 교육대상은 사업주 및 근로자입니다.

실무적으로 사업주가 교육받지 않는 경우가 많은데, 이 경우 과태료가 부과될 수 있습니다.

교육내용은,

1. 직장 내 성희롱에 관한 법령
2. 해당 사업장의 직장 내 성희롱 발생 시의 처리 절차와 조치 기준
3. 해당 사업장의 직장 내 성희롱 피해 근로자의 고충상담 및 구제 절차
4. 그 밖에 직장 내 성희롱 예방에 필요한 사항

교육자료 또는 홍보물을 게시하거나 배포하는 방법으로 직장 내 성희롱 예방 교육을 할 수 있는 경우는 다음과 같습니다.

1. 상시 10명 미만의 근로자를 고용하는 사업
2. 사업주 및 근로자 모두가 남성 또는 여성 중 어느 한 성(性)으로 구성된 사업

실제 과태료가 부과된 사례를 살펴보겠습니다. 회사에서는 직장 내 성희롱 예방 교육을 온라인으로 잘 실시하고 있었습니다. 그러던 중 직장 내 성희롱 관련 노동부 진정 건이 발생했는데, 담당 감독관은 3년간 교육자료를 제출할 것을 요청하였고 검토 결과 **대표이사 교육이 누락이 된 것을 확인**되었습니다. 진정 사건과는 별개로 과태료 500만 원을 부과하였고 회사는 사건 조사를 실시도 하기 전에 과태료 500만 원을 납부한 사례가 있습니다. 단지, 대표님이 직장 내 성희롱 예방 교육에 참가하지 않았다는 이유만으로 해당 회사에 과태료가 부과된 것입니다.

직장 내 괴롭힘 예방 교육

직장 내 괴롭힘 예방에 대한 사항은 취업규칙에 필수 기재 사항이지만, 그 방식이 반드시 예방교육일 필요는 없습니다. 고용노동부에서는 가장 일반적이고 효과적인 예방활동으로 사내 구성원에 대한 교육을 권고하는 것입니다.

당연히 실무적으로 교육을 권고드립니다. 또한 우리 회사 취업규칙에 직장 내 괴롭힘 예방을 위해 교육을 실시하는 것으로 규정한 경우 반드시 교육을 실시하여야 합니다.

직장 내 장애인 인식개선 교육

장애인고용촉진 및 직업재활법에 따라 직장 내 장애인 인식개선 교육을 실시하여야 합니다. 직장 내 장애인 인식개선 교육을 연 1회, 1시간 이상 실시해야 한다고 규정되어 있으며, 또한 반드시 강사자격을 보유한 자가 교육을 실시해야 합니다.

산업안전보건교육

산업안전보건교육은 사업의 종류에 따라, 직원 수에 따라, 교육과정(정기교육, 채용 시 교육, 작업 내용 변경 시 교육, 특별교육, 건설업 기초 안전보건 교육)에 따라, 교육대상(사무직 근로자, 판매업에 직접 종사하는 근로자, 판매업무에 직접 종사하는 근로자 외의 근로자, 근로계약기간)에 따라 교육 시간이 다릅니다.

산업안전보건교육은 위 내용을 확인하고 사업장 내 교육을 할 수 있는 강사자격이 있는 경우가 아니라면, 교육업체를 통해서 실시하는 것을 추천드립니다.

기타

퇴직연금교육은 퇴직연금을 도입한 사업장에서 실시하여야 하며, 개인정보보호교육은 개인정보를 다루는 업무를 하는 근로자를 대상으로 실시하여야 합니다.

요컨대 법정필수교육은 시행하지 않으면 회사에 과태료까지 부과될 수 있지만, 정작 대표님이나 담당자 입장에서는 번거로운 일일 뿐입니다. 이에 현장에서는 차라리 법정필수교육을 외주로 맡길 수 있는 업체를 소개해 달라는 요청도 많아 저희 경영지원팀은 업계에서 높은 평가를 받고 있는 아래의 업체를 추천드립니다. 도움이 필요하신 분은 연락해 보시기 바랍니다.

(주)대한안전보건교육원

사업자등록번호: 513-86-02814

대표자: 임주원

주소: 서울시 금천구 벚꽃로 286 삼성리더스타워 1503A

대표번호: 02-867-6404

Fax: 0503-8379-2459

이메일: edu@kesh.co.kr

고용노동부 위탁 교육기관 등록번호: 제2024-180095호

037.
[퇴직연금] 퇴직연금 관리의 전문가는 노무사입니다

근로자퇴직급여보장법은 사업주가 소속 근로자들의 퇴직금, 퇴직연금을 보장해 줄 것을 법적으로 강제하고 있습니다. 이에 은행 등의 금융기관들이 퇴직연금 모집인을 통해 퇴직연금을 관리하고 있지만, 정작 퇴직연금을 제대로 관리하는 중소기업, 중견기업은 찾아 보기 어렵습니다. 퇴직연금을 정해진 룰에 따라 관리하는 것은 생각보다 상당한 전문성이 필요한 반면, 퇴직연금을 관리할 정도의 전문성을 갖춘 전문가는 중소기업, 중견기업에서 구하기 어렵기 때문입니다. 이에 저희 경영지원팀은 퇴직연금 모집인 자격을 가진 인사노무팀장(노무사)이 직접 퇴직연금을 관리해 드리는 서비스를 제공하고 있습니다.

회사 대표: 퇴직연금 납입 금액 맞는지 확인 부탁드립니다.
인사노무팀장: 회사 퇴직연금규약 주시겠어요?
회사 대표: 퇴직연금 규약이요? 그건 없는데요.
인사노무팀장: 퇴직연금 규약이 없다니요?
회사 대표: 그거 은행에 가입할 때 한 것 같은데, 저희는 서류가 없어요.
인사노무팀장: 우리 회사 퇴직연금규약은 사규(社規), 취업규칙의 일부입니다. 당연히 보관하셔야 합니다.

대표님들과 퇴직연금과 관련하여 상담을 하면 위와 같은 사례가 99%입니다.

회사 대표님이나 담당자분들은 퇴직연금규약을 왜 안 챙기셨을까요? 단순히 은행에 퇴직 연금계좌를 개설하고 퇴직연금을 납입하기만 하면 된다고 생각하는 분들이 많은 것 같습니다.

퇴직연금에 금액을 납입하기 위해서는 퇴직연금규약을 먼저 확인해 봐야 합니다. 퇴직연금은 확정급여형 퇴직연금(DB), 확정기여형 퇴직연금(DC)이 있는데, 확정급여형 퇴직연금(DB)은 기존 법정퇴직금 제도라고 생각하시면 이해가 빠를 것 같습니다. 확정기여형 퇴직연금(DC)은 1년간 해당 근로자에게 지급한 임금총액의 1/12에 해당하는 금액을 납입하는 것입니다.

최근 많은 사업장에서는 확정기여형 퇴직연금(DC)을 가입하고 있으니 사례를 한번 살펴보도록 하겠습니다.

예를 들어, 회사는 확정기여형 퇴직연금(DC)을 도입하였습니다. 회사는 2024년 12월 31일을 기준으로 퇴직연금 납입 금액이 맞는지 확인하고자 하는 경우입니다. 그럼 먼저 도입일자를 확인하여야 합니다.

회사가 2022년 1월 1일 확정기여형 퇴직연금(DC)을 도입한 경우

2020년 1월 1일에 입사한 직원이라면 2022년 1월 1일 기준으로 법정퇴직금을 계산한 금액과 2021년 1년간 총임금의 1/12을 비교하여 높은 금액으로 납입하고, 2022년 1월 1일부터는 해당 연도 총임금의 1/12을 납입하면 됩니다.

2022년 1월 1일 입사한 직원이라면 입사일부터 해당 연도 1년간 총임금의 1/12을 납입하시면 됩니다.

따라서, 회사의 퇴직연금 도입일과 해당 직원의 입사일을 확인하여야 정확한 금액을 계산할 수 있습니다.

직원들 중에는 위 내용을 이해하지 못하고, 2024년 12월 31일에 마지막 근무를 하고 퇴사하면서, 전액 법정퇴직금으로 계산한 금액을 퇴직급여로 지급해야 한다며 변호사까지 선임해 소송을 제기하는 경우도 있었습니다. 사실 이런 내용을 법률전문가인 변호사들조차 제대로 알지 못한다는 점만 보더라도 퇴직연금 관리가 얼마나 어렵고 전문적인 일인가를 알 수 있습니다.

038.
[퇴직연금] 퇴직연금, 그리고 대표님의 퇴직금

이번에는 퇴직연금 관리에 대하여 현장에서 간과하고 있는 실무 팁 하나 전달해 드리고자 합니다. 그것은 근로계약서 등 직원들 관련 서류를 직원들 퇴사 후 3년간 잘 보관하는 것입니다.

직원이 퇴직하였다고 관련된 서류를 폐기하는 우는 부디 범하지 않으셨으면 좋겠습니다. 근로계약서 등 직원들 관련 서류는 퇴사 후 3년간 회사에서 보관할 의무가 있습니다. 특히 대표님 유고로 갑자기 회사를 문 닫게 된 상황에서는 직원들이 대표님 유가족들을 상대로 퇴직금 소송을 걸어 오는 경우도 심심찮게 있으니 대표님 사후 남은 가족들을 위해서라도 소송 대응에 필요한 위 서류들은 꼭 잘 챙겨 주시기 바랍니다.

위에서 자세히 설명하지 않은 퇴직연금제도를 보다 구체적으로 설명해 보겠습니다. 퇴직연금제도는 확정급여형 퇴직연금제도(DB, Defined Benefit) 근로자(가입자)가 받을 급여의 수준이 사전에 결정되어 있는 퇴직연금제도입니다. 퇴직금제도와 동일하며 계속근로기간 1년에 대하여 30일분 이상의 평균임금을 지급하는 것입니다.

확정기여형퇴직연금제도(DC, Defined Contribution) 급여의 지급을 위하여 사용자가 부담하여 사용자는 연간 임금총액의 12분의 1 이상을 부담금으로 매년 납입하여야 합니다.

실무적으로 어떤 제도를 가입해야 하냐고 물어보신다면, 저희 경영지원팀은 확정기여형퇴직연금제도(DC, Defined Contribution) 도입을 추천드립니다. 만약 회사에서 확정급여형 퇴직연금제도(DB, Defined Benefit)를 도입한다면, 회사 담당자는 매년 12월 31일을 기준으로 직원들 퇴직금이 얼마인지 퇴직금을 계산해야 하는 어려움이 있습니다. 그에 반해 회사에서 확정기여형퇴직연금제도(DC, Defined Contribution)를 도입한다면 연간 임금총액의 12분의 1만 계산하면 되므로 급여담당 직원의 업무처리가 다소 미숙하더라도 훨씬 빠르고 정확하게 계산할 수 있을 것입니다.

회사 대표: 우리 회사는 퇴직연금제도를 도입하여 직원들 퇴직금은 잘 관리하고 있는데, 내 퇴직금은 어떻게 해야 할까?

인사노무팀장: 대표님, 회사 규정에 임원 퇴직금 규정은 마련이 되어 있으신가요?

회사 대표: 임원 퇴직금 규정? 그런 건 잘 모르겠어. 그냥 정관만 있는 것 같은데?

인사노무팀장: 대표님께서는 퇴직금을 적립하는 방법이 크게 세 가지로 생각해 볼 수 있을 것 같습니다.

회사 대표님들께서 직원들 퇴직금은 회사에서 다 챙겨 주는데, 왜 내 퇴직금은 없느냐고 억울해하시는 경우가 종종 있습니다. 그러나 임원 퇴직금은 없는 것이 아니라 대표님 스스로 준비를 하지 못하고 계신 것입니다.

대표님의 퇴직금을 마련하는 방법은 아래 세 가지 정도로 선택하는 경우가 많습니다.

첫째, 현금으로 모아 둔다.

그런데 이 방법은 현실적으로 선택하는 분들이 많지 않으신 것 같습니다. 사업을 하다 보면 현금 회전이 되어야 하는 경우들이 많다 보니 별도로 모아 두기가 어렵습니다. 또한 현금으로 모아 두는 경우에는 법인의 수익으로 잡히다 보니 세금을 내야 합니다. 즉 대표님 퇴직금 용도로 은행에 차곡차곡 돈을 모아 두더라도 그 돈은 도중에 다른 목적으로 쓰게 되거나 상당 부분 법인세로 차감됩니다.

둘째, 직원들과 함께 퇴직연금을 가입한다.

회사 퇴직연금규약을 제정 및 개정 시, 대표이사를 포함한 임원들도 퇴직연금을 가입하는 방법이 있습니다. 그런데 이것 또한 선택하는 회사가 많지는 않은 것 같습니다. 딱 현금을 납입한 만큼만 보장이 되니까요. 무엇보다 퇴직연금에 가입을 한다면 퇴직연금의 목적으로만 돈을 써야 하기에 회사 자금적으로 유동성 부족 문제가 생길 수도 있습니다. 도중에 회사의 재정상황이 어렵다고 대표님의 퇴직연금을 깨고 그 돈을 다른 곳에 쓸 수는 없는 노릇이기 때문입니다.

셋째, 경영인 정기보험을 가입한다.

경영인 보험을 가입하고 원하는 시점에 해지하여 해지환급금을 받아 대표님 퇴직금 재원으로 사용하는 경우가 있습니다. 경영인 정기보험은 원래 퇴직금 재원 마련을 위한 보험이 아님에도 불구하고 왜 이 보험을 가입하는 것일까요?

경영인 정기보험의 피보험자는 대표이사, 이사 등 법인의 임원입니다. 즉, 법인의 임원이 유고 시 사망보험금을 지급하는 것이 해당 보험계약의 핵심입니다. 대표가 사업을 잘 영위하는 동안에는 리스크가 생긴다 하더라도 얼마든지 문제를 해결할 수 있습니다. 사업을 잘 영위하는 경우에는 계획적으로 증여나 매각을 진행합니다. 그러나 계획과는 다르게 대표이사 유고가 발생하는 경우에는 대표의 상속인들은 영문도 모른 채 소송 당사자가 되는 경우가 많습니다. 따라서 대표들은 리스크 관리차원에서라도 해당 보험을 이용하는 경우가 많습니다.

어떠한 방법으로 대표님의 퇴직금 재원을 마련할지는 스스로 고민하셔야 할 문제입니다. 현금+퇴직연금, 퇴직연금+경영인 정기보험,

현금+퇴직연금+경영인정기보험을 조합하는 방법도 있을 것입니다. 물론 경영인정기보험 대신 종신보험 가입을 통해서도 같은 효과를 누릴 수 있습니다.

50대 이상 대표님들은 오롯이 사업 확장에만 고민하고 회사의 리스크는 전혀 없는 것처럼 생각하시는 분들이 많은 것 같습니다. 그러나 20대~40대 대표님들, 소위 젊은 CEO들은 직원들의 임금, 퇴직금, 복지와 더불어 대표자인 나의 임금과 퇴직금도 챙겨 가며 사업하시는 분들을 많이 볼 수 있습니다. 정말 "스마트하다"라는 말이 절로 나오는 젊은 대표님들이 많습니다.

퇴직연금 하나의 사례만 보셔도 생각해 볼 포인트가 많을 것입니다. 이 책의 사례들을 보시면서 다른 회사들은 어떻게 운영하고 어떻게 리스크를 관리하는지 참고하는 데 도움이 되셨으면 합니다.

인사노무팀장의 편지

"대표님,
은퇴 후 준비는 하고 계세요?"

대표님, 제 오랜 거래처 대표님 중에 최근 은퇴에 성공하신 분이 계십니다. 본인은 평생 사장만 해서 은퇴라는 것은 꿈도 못 꿀 줄 알았는데, 몇 년 전 제 조언대로 미리 잘 준비하셔서 드디어 계획한 대로 일에서 해방될 수 있게 되었다며 저한테 오늘 너무 고맙다고 하시더라고요. 저는 "그야 대표님이 제 말을 믿고 잘 따라와 주신 덕분이죠."라며 화답을 했지만, 또 한편으로는 그동안 저와 좋은 관계를 유지하신 대표님이 마침내 행복한 노후를 보내실 수 있을 것 같아 제 일처럼 기쁘고 뿌듯했답니다.

대표님들 마음은 아마 다 똑같으실 거예요. 처음에는 내 청춘을 바칠 수 있는 회사 만들어 큰돈 벌면 소원이 없겠다고 하시지만 회사를 운영하는 동안 산전수전 다 겪고 나면 어느 시점부터는 내 회사가 성장할수록 나의 건강과 개인적 행복은 반비례한다는 사실을 뒤늦게 체감하게 된다고 하시더라고요. 그래서 어떤 대표님은 농담 삼아 "대표의 재임 기간은 그 기간 동안 방사선을 쬐는 것만큼이나 건강에 좋지 않은 것 같다."라고도 말씀하셨어요.

현재 대표님은 은퇴하실 준비가 되어 있으신가요? 물론 대표님들 중에는 나는 대표로서의 일이 너무 좋아서 은퇴할 생각이 없다고 하시는 분들도 계시겠지만, 제 경험상 대표로서 일을 오래 하신 분들 중 건강이 좋은 분들은 별로 없으셨던 것 같습니다. 기본적으로 크고 작은 지병은 다 가지고 계시고 간혹 중대한 질환에 걸리시는 분들도 심심찮게 많이 뵀어요. 그만큼 대표로 일한다는 것 자체가 극한의 스트레스를 받는 일이라는 것은 부인하기 힘든 사실 같아요.

그럼에도 불구하고 많은 연세에도 불구하고 은퇴를 안 하신 대표님들은 대부분 자신이 은퇴를 안 한 것이 아니라 못한 것이라고 솔직하게 말씀하시더라고요. 오랫동안 대표 생활을 하기는 했지만 모아 놓은 재산이 없고 퇴직을 하고 나면 소득도 나올 곳이 없으니 노후가 불안해 일을 그만둘 수가 없다고요.

그런데요, 대표님. 대표님도 지금부터라도 제 말을 믿고 따라와 주시면 제가 처음 말씀드린 대표님처럼 성공적인 은퇴 생활을 누리실 수 있어요. 바로 대표님만 누릴 수 있는 '2배수 퇴직금' 덕분이죠.

대표님들 중에는 대표가 퇴직금을 받을 수 있다는 사실조차 모르는 분들이 많지만 요즘 젊은 대표님들은 처음부터 자신이 퇴직 후 받을 수 있는 퇴직금부터 준비해 놓고 사업을 시작하시더라고요. 대표님 입장에서도 다른 직원들은 다 퇴직금 받아 가는데 대표님만 퇴직금 못 받으시면 얼마나 억울하시겠어요? 그런데 대표님이 잘 준비하시기만 하면 다른 직원들이 매년 급여의 1배수만큼만 퇴직금을 적립해 받아 가는 것과 달리 대표님은 매년 급여의 2배수만큼 퇴직금을 적립해 받아 가실 수 있어요. 같은 돈이라도 퇴직금에는 4대 보험료도 붙지 않고 퇴직소득세율은 근로소득을 포함한 종합소득세보다 현저히 낮다는 것도 알고 계신가요? 물론 예전부터 퇴직연금 등에 가입하는 등의 준비를 하지 못하셨다고 하더라도 지금부터 준비하실 수 있는 방법이 있으니 그 점은 지레 걱정하지 마시고요.

대표님, 더 늦기 전에 지금부터라도 저희와 함께 대표님의 은퇴 플랜 한 번 준비해 보시면 어떨까요?

2025년 4월 어느 날

대표님의 인사노무팀장
강혜영 노무사
권미영 노무사
김용근 노무사
변유경 노무사

올림

나의 재무회계팀

(소개 순서는 가나다순)

고혜진 회계사

자격사항
제50회 공인회계사 시험 합격

경력사항
에이블세무회계 대표
수원대학교 예비창업패키지 세무회계 강사, 창업창구 멘토
(사)벤처기업협회, 신사업창업사관학교 세무회계 강사, 전문 멘토
前 안진회계법인 세무자문본부 근무
前 삼정회계법인 세무자문본부 근무

노영욱 세무사

자격사항
제54기 세무사 시험 합격

경력사항
아세아세무법인 지사 대표세무사
KN파트너스 제휴 세무사
前 태율회계법인 근무 세무사

송진명 세무사

학력사항 및 경력사항
고려대학교 법무대학원 조세법학과 졸업
제50회 세무사 시험 합격

경력사항
세무회계 이움 대표 세무사
한국정보통신 공사협회 세무고문
한국세무사회 기업진단 감리위원
서울지방세무사회 청년위원회 위원
前 세무법인 신원 팀장 세무사

유지현 세무사

자격사항
제56회 세무사 시험 합격

경력사항
하이앤드 택스 강남지점 팀장 세무사
前 세무법인 택스홈앤아웃 팀장 세무사

임경배 회계사

학력사항 및 자격사항

한남대학교 경영학과
제51회 공인회계사 시험 합격

경력사항

금강회계법인 이사
청주시 고향기금 운영심의위원
前 안진회계법인 회계사
前 창업진흥원 평가위원
前 대전지방국세청 청원심의회위원

조준섭 세무사

학력사항 및 자격사항

고려대학교 법무대학원 조세법학과
제43회 세무사 시험 합격

경력사항

세무법인 스타택스 강남지점 대표 세무사
前 역삼세무서 재산세과(상속 및 증여, 자금출처, 양도 조사 담당)
前 서울지방국세청 국제거래조사국(조사팀, 심의팀)
前 국세청 징세법무국
前 송파세무서 조사과 조사팀장(법인 및 개인 조사 담당)

039.
[세무회계 기초] 대표님, 회사 가치가 얼마나 되는지 아세요?

대표님들 중에는 본인이 운영하는 법인의 가치가 얼마나 되는지 알지 못하는 분들이 많습니다. 심지어는 본인이 운영하는 법인은 비상장주식이기에 주식이 있다 하더라도 가치는 평가하지 않는다고 착각하시는 분들도 많습니다. 하지만 그렇지 않습니다. 상장주식과 평가의 방법만 다를 뿐, 비상장주식도 엄연히 가치가 존재합니다.

가령 상장주식은 시장에서 자유롭게 거래가 가능하기에 세법에서는 해당 거래가액의 평균액을 '시가'로 보고 있습니다. 그에 반해 대부분의 대표님이 가지고 계신 법인의 주식은 비상장주식이라 '시가'라는 것이 존재하지 않습니다. 대신 세법에서는 비상장주식을 평가하는 '보충적 평가방법'에 의하여 주식의 가치를 산정하고 있죠.

보충적 평가방법은 기업의 **순자산가치**와 **직전 3년 치 손순익을 가중평균한 순손익가치**의 각 금액을 합산합니다. 우선 일반적인 기업의 경우 **순손익가치**를 60%, 자산에서 부채를 빼고 영업권을 더한 **순자산가치**를 40%의 각 비율로 합산하여 정합니다. 만약 기업 총자산 대비 부동산 비율이 50% 이상인 부동산 과다보유법인의 경우에는 **순손익가치**를 40%, **순자산가치**를 60%의 각 비율로 합산하게 됩니다.

원칙 - 1주당 평가액

1주당 순손익가치 × 60% + 1주당 순자산가치 × 40%

부동산과다보유법인 - 1주당 평가액

1주당 순손익가치 × 40% + 1주당 순자산가치 × 60%

이 중 순손익가치는 직전 3년 전 순손익액을 1배수, 직전 2년 전 순손익액을 2배수, 직전 연도 순손익액을 3배수로 두어 6으로 나누는 방법(이른바 가중평균)으로 계산하고 있으므로, 최근에 올수록 수익이 높다면 법인 지분의 가치도 높아지게 됩니다.

$$1주당\ 최근\ 3년간\ 순손익액\ 가중평균액 = \frac{A \times 3 + B \times 2 + C \times 1}{6}$$

A: 평가기준일 전 1년이 되는 사업연도의 1주당 순손익액
B: 평가기준일 전 2년이 되는 사업연도의 1주당 순손익액
C: 평가기준일 전 3년이 되는 사업연도의 1주당 순손익액

다만, 여기에도 예외는 있습니다. 설립 후 사업 개시 3년 미만의 법인은 순손익가치를 전혀 고려하지 않습니다. 즉, 이때는 순손익가

치는 제외한 순자산가치만으로 법인의 가치를 평가하게 되는 것입니다. 설립 후 사업 개시 3년이 지난 시점부터 계속해서 흑자가 발생하는 법인의 경우에는 설립 사업 개시 3년 미만의 시점이 법인 설립 후 기업 가치가 가장 낮을 때라고 보시면 됩니다.

설립 후 사업 개시 3년이 되는 시점에 주식 평가 방법이 바뀌어 법인 지분의 가치가 급상승한다는 사실은 만약 법인의 주식을 증여 또는 매매하고자 한다면 설립 후 사업 개시 3년 미만 되는 시점이 지분 이전의 최적기임을 암시하는 것이기도 합니다. 다른 것은 고려하지 않고 순수하게 대표님 가족들에 대한 상속 준비 관점에서 법인 지분을 이전하고자 하신다면 이 시점에 법인 지분을 이전하시기를 추천드립니다.

040.
[세무회계 기초] 법인의 가치를 알면, 회사와 대표 가족의 운명이 보인다

대표님이 법인의 가치를 알아야 하는 가장 중요한 이유는 이것이 곧장 법인과 대표, 대표 가족의 운명과도 직결되기 때문입니다.

법인의 가치는 높은 것이 좋을까요?

그에 앞서 '당기순이익 높은 것이 마냥 좋은 것인가'부터 생각해 보겠습니다. 우리가 흔히 경제뉴스를 접할 때 ○○반도체가 올해 당기순이익 흑자가 얼마 발생했다는 소식을 들으면, 해당 업체가 잘 운영되고 있다는 것으로 느껴져 막연히 당기순이익 높으면 좋은 것이라고 생각할 수도 있습니다. 그러나 비상장주식 법인 대표님 입장에서 생각해 보면 대책 없이 당기순이익이 높은 것은 그리 좋을 일이 아닙니다.

당기순이익이 높아지면 당장 그해에 내야 하는 법인세가 많아집니다. 그리고 당해 연도의 당기순이익은 그다음 해에 재무상태표상 이익잉여금에 반영되어 순자산의 가치가 높아집니다. 앞서 회사 가치를 평가하는 방법을 설명할 때도 말씀드렸지만, 당해 연도 당기순이익 증가는 다음 해 순자산가치까지 높여 결과적으로 법인의 가치도 함께 높이는 결과를 낳는 것입니다.

　법인의 가치가 높아지면 주식을 제3자에게 양도할 때 고액의 양도소득세가 발생합니다. 이 말인즉, 법인의 가치를 제대로 관리하지 않으면 법인의 가치가 높게 형성되어 고액의 양도소득세가 발생하기에 법인을 사는 사람 입장에서는 법인 지분을 웃돈을 주고 사는 꼴이 되고 법인을 파는 입장에서도 고액의 양도소득세를 물게 되어 엑시트(EXIT)를 하더라도 이익이 크지 않다는 것을 의미합니다. 어쩌면 법인 지분을 사려는 사람 입장에서는 굳이 그 가격에 그 법인을 살 이유가 없기에 수요와 공급이 맞지 않아 법인 지분에 대한 거래 자체가 이루어지지 않을 우려도 있습니다. 즉, 법인 지분 가치가 고평가되면 대표님 입장에서는 회사를 다른 사람에게 팔고 회사를 그만두겠다는 계획 자체가 틀어질 수 있는 것입니다.

　특히 당기순이익이 누적적으로 쌓여 처분하지 않은 이익잉여금이 많아지면 자식이나 일가에게 법인 지분을 증여하거나 사후에 자식에게 상속할 때 고액의 증여세 또는 상속세가 발생할 수 있습니다. "나는 자식들에게 내 회사 물려주지 않을 거야, 내 회사는 이제 희망이 보이지 않고 자식들도 이미 다른 일을 하고 있어서 물려받지 않을 거야."라고 하는 대표님들도 계시지만 이 경우에도 상속세는 발생합니다. 대표님이 소유하고 계신 법인 지분은 설령 가족들이 사업체를 물려받지 않는 경우라도 상속포기나 한정승인을 하지 않는 이상 상속이 이루어지므로 자식 입장에서는 자신이 경영하지도 않을 법인의 지분을 쓸데없이 높은 금액으로 상속받게 되어 괜히 상속세만 더 많이 내는 결과가 되어 버리는 것입니다.

그나마 이 경우 자식이 상속세를 낼 돈이라도 잘 준비한 상태라면 문제가 없겠으나, 자식이 물려받는 부동산, 현금, 예금 등 처분 가능한 재산만으로는 상속세를 낼 수 없을 정도로 법인 가치가 제대로 관리되지 않은 경우라면, 국세청은 자식이 내지 못하는 상속세를 부동산 등으로부터 우선 물납 받게 됩니다. 즉, 자식 입장에서는 지분 가치가 과하게 평가된 법인을 상속받는 바람에 막대한 상속세를 부담해야 하고, 이를 위해 물려받은 부동산 등 처분 가능한 재산은 자신의 것으로 쓰지도 못한 채 고스란히 국세청에 상속세로 내야 하는 상황이 생길 수 있는 것입니다. 부모로부터 물려받은 부동산, 현금, 예금 등 유산이 있음에도 부모로부터 물려받은 제대로 관리되지 않은 법인 지분 때문에 이를 상속세로 내놓아야만 한다면 얼마나 억울한 일이겠습니까.

이익잉여금을 일시에 인출해야 할 경우에는 고액의 종합소득세가 발생할 수 있으며, 이러한 인출은 장부상 가공 이익으로 평가되어 세무조사를 받게 될 가능성이 높습니다. 또한 법인을 청산할 때 국세청은 잔존하는 이익잉여금은 모두 의제 배당으로 주주에게 귀속되는 것으로 간주하기에 이에 따른 막대한 소득세 부담으로 이어집니다.

그러나 후술하는 바와 같이 법인의 당기순이익은 그때그때 적절하게 비용 처리를 하게 되면 임원에게는 적정 임금이나 퇴직금으로, 주주에게는 배당소득으로 활용할 수 있습니다. 또한 경영인정기보험과 같은 금융상품을 통해 합법적으로 비용 처리를 한다면, 시기를 조율하며 다양한 목적으로 법인의 잉여자금을 활용할 수 있으므로, 보다 장기적인 안목으로 법인의 당기순이익, 지분 가치를 적정하게 조정하고 관리할 필요가 있어 보입니다.

041.
[세무회계 심화] 배당, 할까 말까?

배당이란 주식을 가지고 있는 사람, 즉 주주들에게 그 소유 주식에 따라 기업이 이윤을 배분하는 것을 의미합니다.

간혹 대표님들 중에는 주주와 임원조차 구별하지 못하는 분들도 계시는데, 회사가 임원에게 주는 돈이 급여, 상여금, 퇴직금이라고 한다면, 회사가 주주에게 주는 돈은 배당금이라고 합니다. 우리가 ○○반도체의 주식을 보유하고 있다고 했을 때 ○○반도체가 우리에게 급여, 상여금, 퇴직금을 주는 것은 아니지만, 회사의 결정에 따라 배당금은 주는 경우를 생각하시면 이해하시기 쉬우실 듯합니다.

물론 대표님이 운영하시는 법인은 가족, 지인들이 임원의 지위를 가지면서도 그와 동시에 주주의 지위도 가지는 경우가 많아 대표님은 물론 대표님의 가족, 지인이 임원이자 주주일 수 있겠지만, 어쨌든 소유와 경영이 분리된다는 회사법의 관점에서 본다면 주주와 임원은 분명 서로 구별되는 존재입니다.

그렇다면 배당은 왜 필요한 것일까요? 배당은 앞서 설명드린 내용 중 이익잉여금과 밀접한 연관성을 가지고 있습니다. 법인의 지분 가치, 그 이전에 당기순이익에 대한 비용 처리를 제대로 하지 않아 이익잉여금이 누적되는 경우 생길 수 있는 문제점에 대해서는 이미 말씀드린 적이 있었죠?

배당을 적극적으로 하게 되면 이익잉여금도 줄여 결과적으로 법인의 지분 가치도 줄이는 효과를 거둘 수 있습니다. 장기적인 관점에서는 법인의 지분을 청산하거나 상속하는 경우에 있어 발생하는 세금을 줄일 수 있고, 주주의 입장에서도 연간 2천만 원까지는 금융소득으로서 주주의 다른 소득과 14% 분리과세가 되니 가령, 임원이자 주주인 대표가 회사로부터 돈을 받는다 하더라도 전부를 급여로 받기보다 2천만 원 범위까지는 배당으로, 이를 초과하는 금액은 임금으로 받는 것이, 대표가 비교적 적은 세금을 내고 더 많은 돈을 회사로부터 받아 갈 수 있는 방법이기도 합니다.

특히 법인 지분을 지분 가치가 낮은 시점, 가령 법인 설립 후 사업 개시 3년 미만인 시점에 배우자, 자녀들에게 증여하게 된다면, 장기적으로 이후 회사에 이윤이 발생하는 대로 적극적으로 주주인 배우자, 자녀들에게 배당을 실시하여 이를 가계소득 증대, 상속세 재원 마련을 위한 도관으로 사용할 수도 있습니다.

법인 지분 전체를 보유하고 있던 대표의 입장에서도 과거에는 종합과세가 되지 않으려면 전체 지분에 대하여 2천만 원의 범위 내에서만 배당을 할 수 있었지만, 만약 배우자, 자녀들에게 사전에 법인 지분을 증여한다면 대표를 포함한 각 주주별로 최대 2천만 원까지 배당을 하더라도 종합과세가 되지 않아 가계 전체적으로는 이익이 됩니다. 가령, 지분 100%를 보유하던 대표님이 매년 2천만 원까지밖에 배당을 받지 못했지만, 지분을 배우자와 두 자녀에게 25%씩 이전하여 대표, 배우자, 두 자녀가 각 25%씩 지분을 보유한다면 각 매년 2천만 원씩 배당을 받아도 종합과세의 적용을 받지 않게 되어 가계에는 총 6천만 원의 추가적인 소득 증가효과가 발생하는 것입니다.

이러한 장점에도 불구하고 중소기업, 심지어 중견기업조차 배당이 적극적으로 이루어지지 않는 경우가 많습니다. 이는 배당을 할 필요성이 없다기보다는 기장 세무사 또는 대표님 자신이 관심을 갖지 않아서 생긴 일이니, 다시 한번 확인해 보시면 좋겠습니다.

참고로 배당은 아무 때나 할 수 있는 것은 아닙니다. 법인 결산 후 이루어지는 정기배당이 원칙이기는 하나, 예외적으로 정관에 규정을 두면 영업연도 중에 중간 배당도 가능하니 이 점 역시 함께 확인해 보시면 좋을 듯합니다.

042.
[세무회계 심화] 대표가 회사에 빚진 돈, 부메랑이 되어 돌아온다

대표가 회사에 빚진 돈, 세무회계 처리과정에서는 이를 가지급금이라고 합니다. 통상 가지급금은 아래와 같은 사유로 발생합니다.

1. 대표의 개인적인 자금융통
2. 장부작성 시 원인불명 지출의 처리
3. 거래관행상 발생하는 리베이트

그렇다면 가지급금은 왜 문제가 될까요?

1. 회사 세부담 증가 요인

가지급금은 대표님의 채무이지만 회사의 관점으로 보면 자산입니다. 증여, 상속 시 해당 자산으로 인해 회사의 평가액이 증가하게 되면, 세부담 증가요인이 될 수 있습니다. 특히 가업승계를 준비하시는 대표님 입장에서 가지급금은 사업무관자산으로 분류되어 증여, 상속세에도 영향을 미칩니다.

2. 일타쌍피(인정이자 및 지급이자 불인정)의 효과

가지급금은 대표적인 업무무관 자산으로 해당 자산을 보유하기 위해 차입한 차입금으로 발생한 비용에 대해서는 불인정합니다. 또한, 해당 가지급금에 대해서 법에서 정하는 이자를 수취하지 않을 경우 동 이자만큼 수익에 가산되어 세부담이 증가하게 됩니다. 결국 법인세가 증가하고 상여 처분에 따라 대표님의 소득세도 함께 증가하게 되는 것입니다.

3. 투자자의 외면

외부 투자를 유치하거나 금융기관에서 대출 진행 시 보통 재무제표를 제출하게 되는데 가지급금의 계상은 투자의사결정에 매우 부정적인 영향을 끼치게 됩니다. 가지급금이 많다는 것은 자칫 대표님이 회사 자금을 마음대로 가져다 쓰는 부실한 기업으로 보일 수 있기 때문입니다.

4. 세무조사 Risk Up!

가지급금은 업무무관자산으로 세법상 불이익이 있는 만큼 세무조사 대상으로 선정될 가능성을 높이는 요인이 됩니다.

그렇다면, **가지급금 해결**은 어떻게 하나요?

가지급금 문제를 해결할 수 있는 솔루션은 대체로 아래와 같습니다.

가. 직접상환
- 원칙적인 방법으로 대표의 세후급여의 일부를 회사에 상환함으로써 가지급금을 해결하는 방법입니다.

나. 급여인상
- 가지급금의 빠른 해결을 위해 급여의 인상을 검토하고 아래 예시와 같이 세율구간에 따른 적정급여를 산출하는 방법입니다.

구분	월 600만 원	월 1,200만 원	월 1,800만 원	월 2,400만 원
월 급여	6,000,000	12,000,000	18,000,000	24,000,000
연 급여	72,000,000	144,000,000	216,000,000	288,000,000
근로소득공제	13,350,000	17,630,000	19,070,000	20,510,000
종합소득공제 (동일가정)	15,000,000	15,000,000	15,000,000	15,000,000
과세표준	43,650,000	111,370,000	181,930,000	252,490,000
산출세액*	5,287,500	23,539,500	49,193,400	76,006,200
근로소득세액공제	500,000	200,000	200,000	200,000
추가세액공제 (자녀, 연금 등)	1,500,000	1,500,000	1,500,000	1,500,000
종합소득세	3,287,500	21,839,500	47,493,400	74,306,200
지방소득세	328,750	2,183,950	4,749,340	7,430,620
4대보험 (동일률 가정)	4,154,400	8,308,800	12,463,200	16,617,600

총 세금 합계	7,770,650	32,332,250	64,705,940	98,354,420
실효세율	10.8%	22.5%	30.0%	34.2%
차액		24,561,600	32,373,690	33,648,480

- 그러나 월 급여가 인상될수록 세부담이 점차 증가하므로 무작정 급여를 늘려 가지급금을 상환하는 방법은 대표님 개인의 절세관점에서는 무리가 있을 수 있습니다.

다. 배당과 급여의 Mix

- 앞서 배당과 급여를 적절히 Mix할 경우 배당에 대해서는 연간 2천만 원의 금융소득이 적용되어 개인의 세 부담이 줄어들 수 있다는 말씀을 드린 적이 있습니다. 다만, 법인의 관점에서 본다면 배당한 금액은 비용으로 처리되지 않아 법인세의 증가로 인해 오히려 세 부담이 증가할 수 있는 여지가 있습니다. 그러므로, 이 방법을 통한 가지급금 문제 해소는 대표님 개인과 법인의 세 부담을 전체적으로 고려하여 선택하시는 것이 좋습니다.

라. 전략적 초과배당

- 배우자의 증여공제(6억)를 활용한 절세방법으로 초과배당 방법은 아래 예시와 같이 순차적으로 진행합니다.

> (1) 대표이사가 배우자에게 주식증여
> (2) 매년 대표이사 배당포기
> (3) 배우자가 대표이사 포기분까지 초과배당 수령
> (4) 배우자에게 생활비를 주는 대신 배당을 통해 생활비 재원을 마련해 줌(소득세율15.4%, 4대보험부담)
> (5) 기존 배우자에게 지급하던 생활비를 가지급금 상환에 활용

마. 감액배당
- 회사의 설립 이후 주식의 발행 등으로 자본잉여금이 있는 법인의 경우 자본준비금과 이익준비금의 합이 자본금의 1.5배를 초과할 경우에 한하여 자본잉여금을 재원으로 배당을 지급할 수 있고, 추가적인 세부담 없이 진행이 가능합니다.

바. 중간정산 조건 확인
- 다음 장에서 말씀드리겠지만, 퇴직금에 대한 세금은 다른 세금에 비해 세 부담이 적고 다른 세금과 합산되어 과세되지 않기 때문에 이를 활용할 경우 매우 큰 절세혜택이 있습니다. 그러므로 대표의 근속연수 및 퇴직급여 적립액 등을 고려하여 퇴직급여 중간 정산이 절세에 효과적인지를 검토해 볼 필요가 있습니다.

사. 퇴직플랜을 이용한 가지급금 문제 해소
- 법인세법 시행규칙 제22조에 따른 현실적인 퇴직의 범위에 해당할 경우 퇴직금의 중간정산이 가능합니다.

현실적인 퇴직 요건

> (1) 중간정산일 현재 1년 이상 주택을 소유하지 아니한 세대의 세대주인 임원이 주택을 구입하려는 경우(중간정산일로부터 3개월 내에 해당 주택을 취득한 경우만 해당한다)
> (2) 임원(임원의 배우자 및 소득세법 제50조(기본공제)제1항3호에 따른 생계를 같이하는 부양가족을 포함한다)이 3개월 이상의 질병 치료 또는 요양을 필요로 하는 경우
> (3) 천재, 지변, 그 밖에 이에 준하는 재해를 입은 경우

- 이 경우 대표님은 중간 정산을 통한 중간 퇴직금 수령으로 이를 가지급금을 갚는 데 쓸 수 있을 것입니다.

아. (회계수정) 전기오류수정

- 가지급금의 발생원인의 대표적 사유가 장부작성 시 발생하는 원인불명의 지출에 대한 처리입니다. 원인불명 지출에 대한 증빙을 찾아 소명하고 장부를 수정하여 전기오류수정을 통한 가지급금을 간단하게 해결할 수 있는 방법이 있습니다.

자. (무형자산) 영업권 양도

- 대표 개인이 법인으로 운영하는 사업 이외에 별도의 개인사업을 운영하고 있는 경우 해당 사업의 영업권을 평가하고, 이를 양도함으로써 양도대금을 통해 가지급금을 상환하는 방법이 있습니다. 동 양도에 따른 양도차익에 대해서는 기타소득 필요경비(60%)가 인정되어 매우 큰 절세효과가 있습니다.

차. (자본거래) 소각

- 회사의 대표가 지분을 모두 소유한 1인 주주일 경우 주식의 소각을 통한 자본거래를 활용하여 가지급금 해결의 재원을 마련할 수 있습니다. 아래 예시와 같이 소각을 진행함에 따른 세부담을 확인하고 액면소각, 저가소각, 시가소각 여부를 결정이 가능합니다.

액면가액	5,000원
발행주식총수	100,000주
자본금	5억
기업가치	80억
1주당 가치	80,000원

소각Type	1) 액면소각	2) 저가소각	3) 시가소각
소각주가	5,000원	20,000원	80,000원
소각주식수	60,000주	60,000주	60,000주
소각금액	3억 원	12억 원	48억 원
배당차익	0원	9억 원	45억 원
배당소득세	0원	3.76억 원	21.54억 원
실효세율	0%	41.8%	47.9%

- 각각 주식소각의 여부에 따라 실효세율이 다르므로 상황에 맞는 소각방법을 적용하여 가지급금의 해결 및 절세에 도움이 되는 방법을 선택하여 적용할 수 있습니다.

요컨대, 가지급금 문제를 잘 해결하는 것은 기업의 미래뿐만 아니라 대표님 가정의 가업승계 문제 등과도 직결되는 것이므로, 저희 재무회계팀에 문의하시어 대표님과 기업에 맞는 가장 합리적인 방안을 모색해 보시기 바랍니다.

043.
[세무회계 심화] 대표님도 퇴직금 수령하실 수 있습니다. 그것도 2배수나요!

"우리 직원들은 다 퇴직금 받아 가는데 수십 년째 회사를 위해 모든 것을 바친 대표인 나만 왜 퇴직금이 없는 거요?"

최근 어느 대표님께서 본인도 퇴직을 하고는 싶지만 퇴직 후 받아 갈 퇴직금도 없는데 어떻게 본인이 일을 그만둘 수 있겠느냐며 볼멘소리를 하시는 것을 들은 적이 있습니다.

아닙니다. 대표님. 대표님도 퇴직금을 받으실 수 있습니다. 그것도 무려 2배수나요.

우리나라는 퇴직급여보장법에 따라 근로자에게는 퇴직금 혹은 퇴직급여를 보장하게 되어 있으며, 심지어 퇴직금, 퇴직급여를 제때 지급하지 않으면 고용주는 형사처벌까지 받게 됩니다. 그에 반해 임원의 퇴직금은 퇴직급여보장법의 적용을 받지 않습니다. 대신, 임원도 퇴직급을 받을 수 있는 내용의 근거조항을을 별도의 임원 퇴직금 규정에 두고, 실제 회사가 임원에게 퇴직금을 지급할 수 있는 재원까지 마련된다면, 임원도 회사로부터 퇴직금을 지급받을 수 있습니다.

우선 임원의 입장에서 살펴보자면, 임원은 별도의 임원 퇴직금 규정이 있고, 재원이 마련되어 있기만 하다면 원래 월 급여의 1배수밖에 퇴직금을 적립하지 못하는 근로자와 달리 '퇴직한 날로부터 소급하여 3년 동안 지급받은 총금액의 연평균 환산액'의 2배수 한도에서 퇴직금을 받을 수 있습니다. 특히 퇴직금은 이른바 분류과세로 종합과세가 이루어지지 않으며 퇴직소득세율 자체도 종합소득세율과 비교하면 현저히 낮습니다. 또한 퇴직금에 대해서는 별도의 4대 보험도 부과되지 않는 장점이 있어 같은 재원이라고 한다면 임금이나 상여금보다는 퇴직금으로 받아 가는 것이 실수령액이 훨씬 클 수 있습니다.

회사 입장에서도 임원 퇴직금을 지급하게 되면 주식 가치를 크게 감소시키는 효과를 누릴 수 있습니다. 거듭 강조하지만 대표 입장에서는 주식가치를 크게 감소시키는 것이 여러모로 득이 되는 것인데, 퇴직금을 지급하게 되면 퇴직금을 지급하는 순간 순자산가치와 순손익가치가 동시에 감소하기에 이를 이용한 증여, 가업승계, 청산 시에 발생하는 비용을 줄일 수 있습니다.

다만, 이 경우 유의할 점 몇 가지에 대해 말씀을 드리자면, 우선 앞서 말씀드린 바와 같이 임원퇴직금 규정을 별도로 두어야 한다는 점, 그리고 퇴직금을 지급하기 위한 재원을 마련해야 한다는 점입니다.

퇴직금 재원을 마련하기 위해서는 대표가 예금을 이용하거나 DB

형이나 DC형 퇴직연금을 이용하는 방법이 있습니다. 그러나 우선 예금은 회사 입장에서는 비용 처리가 되지 않아 법인세 부과대상이 될 뿐 아니라, 별도의 계정으로 관리되지도 않기에 회사 입장에서는 이를 다른 목적으로 사용해 결국 대표님을 위한 퇴직금 재원으로 남겨 두기가 쉽지 않습니다. 또한 퇴직연금은 대표가 가입한 후 폐지를 할 경우 퇴직연금 유형에 따라 가지급금으로 처리될 수 있는 문제가 있으며, 퇴직연금 자체도 한번 가입하게 되면 퇴직연금 지급이라는 본연의 목적 이외 다른 목적으로 사용할 수 없으므로, 회사 자금 유동성 확보에 문제를 일으킬 수 있습니다.

이에 저희 경영지원팀은 대표 및 임원의 퇴직금 재원은 예금이나 DB형이나 DC형 퇴직연금보다는 경영인정기보험 등의 금융상품을 이용하여 마련하는 것을 추천드립니다. 경영인정기보험 등의 금융상품은 그 자체로도 불입하는 보험료만큼 비용 처리가 되어 법인세를 줄이고 기업의 지분 가치를 낮추는 효과가 있을 뿐 아니라 대표의 사망보장 등을 하는 장점도 있기 때문입니다. 물론 보험료 납입 중 회사의 사정이 어려워 다른 목적으로 자금을 융통해야 하는 경우에는 보험약관대출을 이용하거나 아예 보험계약을 해지하고 해지환급금을 회사 긴급자금으로 활용하는 것도 가능하므로 자금 유동성 확보 측면에서도 유리합니다.

또한 임원이 퇴직금 지급 규정을 마련해 놓고도 재원 마련이 되지 않는 등의 이유로 퇴직금 수령 자체를 포기할 경우에는 국세청 예규상 퇴직금을 수령한 것으로 보아 동 포기 금액에 대하여는 퇴직소득세를 원천징수 한다고 되어 있으므로, 퇴직금 재원을 어떻게 마련하고 운영할지에 대해서는 반드시 전문가인 저희 경영지원팀과 먼저 의논해 주시기를 권유드립니다.

044.
[세무회계 심화] 법인전환, 꼭 해야 하나요?

대표님, 만약 개인사업을 하고 계신데 매출이 7.5억 원 이상이거나, 종합소득금액이 1억 5천만 원 넘게 발생하고 있음에도 불구하고 아직 법인전환 문제에 대하여 고민하신 적이 없으시다면 대표님은 정말 성실한 납세자라고 할 수 있습니다!

하지만 우리나라에서는 이렇게 매출이나 영업이익을 많이 올리고 있는 고소득 자영업자들이 탈세할 가능성이 높다고 보고, 소득의 투명성을 확보하기 위해서 종합소득세 신고 전에 그들의 매출 누락, 가공경비, 업무 무관 경비 등을 세무사를 통해 장부기장 내용의 정확성 여부를 확인받은 후 신고를 하게 하는 성실신고 확인제도를 도입하고 있습니다.

이 제도에 따르면 대표님이 제조업, 음식점업 등을 개인사업으로 하고 계실 경우 수입금액 7.5억 원 이상, 부동산 임대업, 교육 서비스업 등을 하고 계실 경우 수입금액 5억 원 이상이면 성실신고확인 대상자에 해당합니다.

이렇게 대표님이 좀 더 자유롭게 사업장을 운영하고 비용도 마음대로 쓰고 싶어서 개인사업을 유지하고 계시다고 하더라도, 사업 규모가 커지면 커질수록 자유로운 운영은 더욱더 어려워지고 세금 부담은 커지고 심할 경우 탈세 의혹을 받게 됩니다. 그래서 성공한 많은 개인사업자 대표님들이 법인전환 문제를 고민하게 되는 것입니다.

개인사업자 대표님들이 법인전환을 하는 가장 대표적인 이유는 바로 세금입니다. 소득세법에 따르면 개인사업자에게는 6%~45%의 종합소득세가 부과되지만, 법인세법에서는 법인의 수익에 대해서는 9%~24% 세율로 법인세를 부과하고 있습니다. 만약 개인사업자의 과세표준이 4억 원이라고 가정하면, 38%의 세율을 적용받지만 법인사업자는 19%의 세율을 적용받게 되어 딱 절반만 세금을 내게 되는 것입니다.

위 세율의 차이뿐만 아니라 소득의 분배를 통한 절세 측면에서는 법인사업자가 유리합니다. 개인사업자의 경우 비용을 제외한 모든 수익은 대표님 개인의 사업소득이며, 이를 과세표준으로 하여 종합소득세가 부과됩니다. 반면, 법인사업자는 법인의 소득을 대표님에게 배분할 때 대표님 급여(근로소득), 대표님의 주주 지위에 대한 배당(배당소득, 2,000만 원까지 분리과세), 대표님 가족의 주주 지위에 대한 배당(배당소득, 2,000만 원까지 분리과세), 대표님의 임원 퇴직금(퇴직소득)으로 나누어서 전체 세금을 줄일 수 있습니다.

그리고 개인사업자에서 법인사업자로 전환할 때 대표님이 개인사업에서 가지고 영업권을 법인에 양도하는 방법으로 일정 대가를 수령할 수도 있습니다. 영업권이란 유리한 위치, 우수한 경영, 좋은 기업이미지 등으로 동종의 다른 기업보다 더 많은 수익을 얻을 경우 그 초과수익을 자본의 가치로 환원한 것을 가리키며, '권리금'의 성격을 띱니다. 법인전환 시 영업권을 법인에 양도하고, 대표님은 그 대가를 수령할 수 있습니다. 대표님이 법인에 영업권을 양도하게 되면 그 대가를 기타소득으로 처리할 수 있어 60%의 필요경비를 인정받을 수 있습니다. 법인도 영업권을 유상으로 매수한 것이므로 자산 계상 후 감가상각을 할 수 있습니다. 다만 특수관계자 간 거래이므로 법인세법과 소득세법 모두에서 부당행위계산부인 규정이 적용되므로 영업권에 대한 평가 절차가 중요하며, 부동산과 별도로 사업을 양도할 수 있는 경우에만 적용됩니다.

법인 전환 필요성 판단기준

1. 성실신고 확인서 제출 대상 사업자입니까?
2. 성실신고 확인서 제출 대상 사업자로 세무신고 전 세무검증 의무에 대해 부담을 느낍니까?
3. 종합소득금액(순이익) 1억 원 이상입니까?
4. 법인전환 필요성에 대해 조언을 받고 고민해 본 적이 있습니까?
5. 고소득 자영업자에 해당되어 수시 세무조사 대상입니까?
6. 매출액이 일정 규모를 초과하여 지방 국세청에서 정기적인 세무조사를 받고 있습니까?
7. 대기업 벤더(vendor) 또는 정부 납품을 준비 중입니까?
8. 기업의 대외신용도를 제고하여 원활하고 다양한 외부 자금조달을 이루기를 원합니까?
9. 기업을 현재 수준 이상으로 성장, 발전시킬 계획을 갖고 있습니까?
10. 향후 자녀에게 기업을 승계하기를 원하십니까?
11. 핵심직원이 로열티를 갖고 회사의 성장과 함께할 수 있는 노사관계를 정립하고 싶으십니까?

만약 대표님이 법인전환을 고민하고 계시다면 위와 같은 사항들을 체크해 보시면서 결정하시는 데 도움이 될 것입니다.

대표님이 위 법인전환 필요성 진단 척도에서 법인전환이 필요한 개인사업자로 확인이 된다면, 구체적인 계획이 필요하며, 법인전환 제약사항 진단 결과 법인전환을 어렵게 하는 제약사항이 있는 경우 그 문제를 해결하기 위해 다각도의 전문적이고 구체적인 검토가 선행되어야 하므로, 실무경험이 충분한 전문가의 컨설팅을 받으시기를 권합니다.

위와 같이 개인사업자인 대표님이 더욱더 사업을 번창시키면서도 절세를 하기 위해 법인전환을 결심하셨다면, 전문가와 함께 구체적인 계획을 수립하시기를 추천드립니다. 어떤 방식으로 전환하는 것이 가장 유리한지 충분히 검토하고, 자본금의 규모와 주주, 임원 구성, 정관 등도 처음부터 제대로 틀을 잡는 것이 중요합니다.

개인사업자의 법인전환 방법은 ① 조세지원을 받을 수 있는 조세특례제한법상 사업양도양수에 의한 법인전환 방법, ② 마찬가지로 조세지원을 받을 수 있는 조세특례제한법상 현물출자에 의한 법인전환 방법, ③ 조세지원을 받지 않는 법인전환 방법 등이 있습니다. 조세특례제한법상 포괄 사업양수도 방법은 먼저 법인을 설립하고 개인사업을 그 법인에 포괄적으로 양수도하는 방법으로, 현물출자보다 절세가 덜 되지만 절차는 비교적 간단해, 보유한 자산 중 부동산 자산이 적을 때 활용하기 좋은 방법입니다. 조세특례제한법의 적용을 받지 않는 일반 사업양수도도 법인을 설립한 후 개인사업 자산을 법인에 매각하는 방법으로 절차가 간단해 법인전환을 신속히 하거나, 전환 시에 발생하는 양도소득세 등 세금 부담이 적은 사업체에 적합합니다.

조세특례제한법상 현물출자에 의한 법인전환 방법은 자본금 대신 기계장치나 부동산 등 현물을 출자하여 법인을 설립하는 방식으로, 감정평가, 회계사의 감사, 법원의 심사 등 여러 절차를 거쳐야 해서 비용 및 시간이 많이 걸리는 단점이 있지만, 세무상, 운영상 혜택은 가장 커서 가치가 높은 부동산을 보유한 사업자나 임대업처럼 부동산 비중이 높은 사업체에 주로 활용됩니다.

법인전환은 위에서 언급하였던 세율 차이에 따른 혜택 이외에도 각 법인전환 방법에 따라 세무적으로 양도소득세 이월(사실상 면제), 취득세 75% 감면, 부가가치세 면제 등의 혜택이 있고, 운영상으로도 사업자의 안정적인 소득 발생, 정기세무조사 제외, 가족 자산이전을 통한 절세 효과를 누릴 수 있습니다. 그러므로 성공적으로 개인사업을 영위하고 계신 대표님들께서는 적극적으로 법인전환을 고려해 보시기 바랍니다.

045.
[세무회계 심화] 매출, 매입이 모자라요. '가공세금계산서' 수수해 줘도 괜찮을까요?

저희 재무회계팀이 자주 받는 질문 중 이런 것이 있습니다.

Q: 거래처에서 매출실적이 필요하다고, 세금계산서를 끊어도 되냐고 하네요. 저희 법인이 올해 이익이 많이 나서 당장의 법인세가 많이 나올까 봐 걱정되었던 터라, 해 주고 싶기도 하거든요. 그런데 이렇게 가공세금계산서 수수해도 괜찮은지 조금 걱정이 되긴 합니다. 괜찮을까요?

A: 회사의 상황에 따라 '매출실적'이 필요한 회사와 '비용이 부족'한 회사 간에 세금계산서를 수수하고자 하는 유혹이 있을 수 있습니다. 매입(비용)이 부족하여 당장의 법인세가 걱정되었던 대표님께서는 이러한 거래를 대수롭지 않게 승낙하시기도 하는 것 같습니다.

하지만 이러한 형태의 거래는 적발 시 일반적인 사안과 달리 "가공세금계산서"로 보아 "무겁게" 처벌될 수 있어 각별히 주의해야 합니다.

Q: 만약에 걸리면 본세가 추징되고, 납부지연가산세 내면 되는 거 아닌가요? 무겁게 처벌한다는 것이 어느 정도인지 모르겠습니다.

A: 네, 일반적으로 세무조사 적발 시에 세법에 위반하여 세금신고를 하는 경우 리스크는 본세 추징+신고불성실가산세+납부불성실가산세+세금계산서 관련 가산세 정도입니다.

주요 가산세

주요 가산세	가산세	근거
신고불성실 가산세	과소납부액의 10%	국기법 제47조의 3
납부불성실 가산세	1일 10만분의 22의 율 (약 연 8.03%)	국기법 제47조의 4
부가세법상 가산세	공급가액의 1~3%	부가세법 제60조

하지만, 이러한 **가공 세금계산서 거래**의 경우 사안의 중요도에 따라 단순히 가산세에 그치지 않고 **"조세범"**으로 처벌까지 될 수 있도록에 규정되어 있기 때문에 주의가 필요합니다.

관련 규정

조세범처벌법 제10조(세금계산서의 발급의무 위반 등)
③ 재화 또는 용역을 공급하지 아니하거나 공급받지 아니하고 다음 각 호의 어느 하나에 해당하는 행위를 한 자는 3년 이하의 징역 또는 공급가액에 부가가치세의 세율을 적용하여 계산한 세액의 3배 이하에 상당하는 벌금에 처한다
⑤ 제3항의 죄를 범한 자에 대해서는 정상(情狀)에 따라 **징역형과 벌금형을 병과할 수 있다.**

> **조세범처벌법 제18조(양벌 규정)**
>
> 법인(「국세기본법」 제13조에 따른 법인으로 보는 단체를 포함한다. 이하 같다)의 대표자, 법인 또는 개인의 대리인, 사용인, 그 밖의 종업원이 그 법인 또는 개인의 업무에 관하여 이 법에서 규정하는 범칙행위(「국제조세조정에 관한 법률」 제57조를 위반한 행위는 제외한다)를 하면 **그 행위자를 벌할 뿐만 아니라 그 법인 또는 개인에게도 해당 조문의 벌금형을 과(科)한다**. 다만, 법인 또는 개인이 그 위반행위를 방지하기 위하여 해당 업무에 관하여 상당한 주의와 감독을 게을리하지 아니한 경우에는 그러하지 아니하다.

규정만 보아서는 조세범처벌법이 얼마나 무시무시한지 실감이 나지 않을 것도 같습니다. 이제 실제 사례를 보실까요? 믿기지 않으실 수 있습니다. 변호사, 회계사로 이루어진 저희 팀이 세무조사에 대응하면서도 이건 너무 과한 거 아닌가 싶을 정도였으니까요.

※ 아래의 사례는 **가공매입세금계산서 거래로 막대한 추징 및 벌금**이 부과된 실제 세무조사 대응 경험을 기반으로 재구성한 사례입니다.

가공세금계산서 매입(실제 사례 근거 예)

대상: A법인, 행위자 김 씨 (세금계산서 담당자), A법인 선의당사자 X
가공매입세금계산서: 2018~2020년 누적 4.2억(공급가액)
납부불성실 기준일: 2023. 12. 31

구분		금액 (단위 원)	비고
(가) 법인세	본세추징	42,000,000	법인세 한계세율 10% 가정
	신고불성실	4,200,000	
	납부불성실	15,117,500	
	소계	**61,317,500**	법인지방세 별도
(나) 부가세	본세 추징	42,000,000	가공매입세액 불공제
	세금계산서 가산세	12,600,000	가공수취가산세 (3%)
	신고불성실 가산세	4,200,000	
	납부불성실 가산세	16,822,000	
	소계	**75,622,000**	
(다) 벌금	행위자 김씨	42,000,000	1차위반 가정, 통고처분
	A 법인	42,000,000	1차위반 가정, 통고처분
	소계	**84,000,000**	
(가)+(나)+(다) 총 효과		**220,939,500**	

Q: 4.2억 가공매입거래 했다가 총추징세액과 벌금이 2.2억이라니…. 이건 너무 무시무시한데요. 대기업이 아닌 우리 같은 중소기업도 이 정도로 처벌받는 게 현실적으로 가능하긴 한 건가요?

A: 물론, 일반 중소기업이 위와 같은 세무조사와 조세범까지 처벌이 되는 것은 특수한 케이스일 수 있습니다. 하지만 가능성이 있기에 말씀드립니다.

실제로 위 사례에서는 **연관된 업체가 대기업, 중소기업 불문 파생조사를 통해 모두 범칙조사 받았으며, 똑같이 조세범으로 처벌**되었습니다.

더욱 안타까웠던 것은 **법인뿐만 아니라 행위자(직원 등)도 처벌될 수 있다는 점**입니다. **벌금으로 끝난 분도 계시지만, 집행유예, 징역형이 선고된 분**도 계셨습니다.

이게 이렇게 심각한 사안인 줄 몰랐다며, 벌벌 떨며 인터뷰하던 직원의 모습이 아직도 생생합니다.

요컨대 가공거래를 통해 법인세를 조금이나마 줄이고 싶은 대표님의 마음은 충분히 이해가 되지만, 그렇다고 대표님이 징역형을 감수하실 필요가 있는지는 고민해 보셔야 할 것 같습니다. 현명한 사업가는 정도(正道)를 걷는 사람입니다.

046.
[세무회계 심화] 법인을 잘 활용하면 효과적으로 자녀에게 부를 이전하는 방법이 있다던데

많은 대표님들이 자녀에게 부를 이전해 주기 위한 노력을 하고 계십니다. 그 방식에는 일반적으로 금전을 증여하는 것부터 자녀의 창업을 도와주기 위해 자금을 증여하는 창업자금 증여특례, 자녀에게 현재 운영하고 있는 기업의 주식을 미리 증여하는 가업승계 주식증여 특례 등 많은 것들이 있습니다. 그러나 이런 방식들은 막대한 증여세를 부담해야 하거나 각종 요건을 오랜 기간 동안 유지, 충족시켜야 하는 사후관리의 어려움이 있습니다. 특히 각종 증여 특례는 이를 유지하기 위해 충족시켜야 했던 복잡한 사후관리 요건 중 하나라도 놓치게 되면, 해당 방식을 통해 누렸던 모든 세제혜택이 취소되어 버립니다.

이러한 단점들 때문에 최근에는 새로운 방법으로 자녀에게 부를 이전해 주려는 시도가 이루어지고 있습니다. 우선 가장 단순한 방법으로는 '자녀 회사'를 설립하여 '부모 회사'에서 일거리를 넘기거나 기존에 '부모 회사' 내부에서 처리하던 업무를 '자녀 회사'에게 외주를 주는 방식입니다. 대기업 등 큰 회사의 경우에는 '일감 몰아주기' 및 '일감 떼어주기'를 적용받아 함부로 해당 방식을 사용할 수 없으나, 중소기업의 경우에 이에 대한 규제가 적용되지 않기 때문에 자녀가 가업을 물려받고 싶은 경우에 사용할 수 있는 방식입니다. 이후에 자녀 회사의 규모가 커진다면, 기존의 회사를 소규모로 유지하거나 합병하는 방식으로 자녀에게 승계시키는 방식을 진행하곤 합니다. 물론, 이 경우 청년이 창업할 시 세액을 감면받을 수 있는 창업중소기업에 대한 세액감면은 적용이 불가능하나, 가업을 승계시키는 과정에서 발생하는 세금을 생각한다면 충분히 감수할 수 있습니다.

다만, 대부분이 많이 사용하는 가업승계나 방금 전 말씀드렸던 새로운 회사를 설립하는 방식은 자녀가 가업 혹은 유사한 일을 한다는 전제하에서만 가능한 것입니다. 자녀가 이미 다른 일을 하고 있는 경우나, 특정 상황에 처해 겸직이 불가능한 경우 적용하기에는 어려움이 있죠.

이에 최근에는 가족법인을 이용해서 자금을 넘기는 방식도 많이 사용하고 있습니다. 이 방식은 가족법인을 설립하고, 기존 법인의 지분을 일부 가족법인에게 이전시킨 후, 초과배당을 통해 가족법인에 배당금을 지급하는 형식입니다. 이 방식을 사용하는 경우에는 몇 가지 직접 결정하셔야 하는 부분들이 발생합니다. 그중 몇 가지만 꼽아보자면 아래와 같습니다.

> 1. 주주별로 증여세 없이 수령할 수 있는 이익이 1억이므로, 주주 구성원을 누구로 결정할지
> 2. 대표이사는 주주와 별개로 선임할 수 있으므로 대표이사는 누구로 결정할지
> 3. 영위하는 사업은 어떤 사업으로 할지, 실제로 유지할 수 있을지

만약 자녀 개인으로 초과배당을 하는 경우에는, 증여세와 배당소득세가 모두 발생하기 때문에 절세효과가 많이 떨어지지만, 가족법인을 통해 배당을 받는 방식으로 부를 이전하게 되면 주주 개인별 1억의 한도 내에서 법인세만 부과할 뿐, 증여세를 별도로 부과하지 않아 보다 많은 재산을 적은 세금으로 증여할 수 있습니다.

이 외에도 가족법인을 이용한 부의 이전 방식에는 아래와 같은 장점들이 있습니다.

> 1. 일반적으로 상속인에 해당하는 사람들(자녀, 배우자)에 해당하는 사람들의 증여세법상 재산가액을 계산할 때에는 10년을 합산합니다. 그러나, 이 경우에는 1년마다 금액을 합산하므로 금액 산정에 유리합니다.
> 2. 민법상 상속인의 지위에 있지 않은 며느리, 부모님도 주주에 참여시킬 수 있습니다. 특수관계인이면 누구나 가족법인의 지위에 포함시킬 수 있습니다. 심지어 상속재산을 물려 줄 대표 자신도 포함시켜 가족법인을 통해 배당받을 금액을 증가시킬 수 있죠.

> 3. 가족법인을 설립하여 실제로 가족들이 가족 사업을 영위한다면, 해당 주주들이 가족으로서의 친밀감과 주인 의식을 가지고 매출 증대에 집중할 수 있습니다.

　가족법인을 이용한 부의 이전은 자녀가 부동산 임대법인 혹은 금융투자법인 등 부모가 영위하던 사업과 전혀 다른 법인을 설립, 운영하는 경우에도 적용이 가능하다는 장점이 있습니다. 또한 이런 방식을 사용하면 이와 별개로 부모 자식 간 증여, 상속을 함께 진행하더라도 개인 간 이루어지는 증여, 상속재산에 포함되지 않아 증여, 상속세의 부담도 줄일 수 있습니다.

047.
[기업진단] 기업진단, 왜 필요할까요?

기업진단이란 기업의 경영 효율성과 재무 구조를 체계적으로 분석하고 확인하는 과정을 의미합니다. 이 과정에서는 특유의 진단 기법을 사용해 객관적인 입장에서 조사도 하고, 여러 가지 분석도 진행되죠. 이러한 결과를 근거로 문제점의 원인을 찾아내고, 그에 대한 합리적인 개선책도 제시합니다.

기업진단은 크게 두 가지로 나눌 수 있는데요, 하나는 업종에 상관없이 광범위하게 이용되는 '일반적인 기업진단'이고, 다른 하나는 특정 업종에 맞추는 '업종별 기업진단'입니다. 가령, 건설업이나 전기공사업, 정보통신공사업, 의약품 도매업, 산림 산업, 소방공사업 같은 분야에서는 면허 등록을 위해서 실질적으로 자본금이 있는지 그리고 재무 상태가 어떤지를 확인하여야 하는데, 이런 확인 과정이 바로 업종별 기업진단에 해당하는 것입니다.

그렇다면 기업진단은 왜 필요할까요? 주로 건설업 같은 특정 분야에서는 필요한 자본금(부실 업체 여부)이 실제로 있는지를 판단하기 위해서 기업진단이 꼭 필요합니다. 이러한 이유로 처음 면허를 등록할 때나 부실 업체를 판단하는 실태 조사가 이뤄질 때도 기업진단이 필수적으로 이용됩니다.

기업진단은 기업진단 지침에 따라 독립성을 유지하는 것이 중요합니다. 만약 세무 대리를 담당하고 있는 기장 세무사에게 기업진단을 의뢰한다면, 기장 세무사가 쓴 기업진단 보고서를 누가 신뢰할까요? 진단의 객관성을 확보하고, 기업진단을 통한 공정하고 신뢰할 수 있는 결과를 산출하기 위해 세무 기장이나 세무 조정 등의 업무를 수행한 사람은 기업진단의 업무를 수행할 수 없습니다. 즉, 담당 세무사가 만들어 준 기업진단보고서는 법적으로 인정되지 않는 것입니다.

한편, 기업진단 수행을 위한 구체적인 절차는 아래와 같으니 참조하시기 바랍니다.

기업진단의뢰서	기업진단 사유 및 기업진단 기준일 체크
↓	
증빙자료 수집	재무제표(재무제표 관련 증빙: 금융자료 등)
↓	
기업진단 실시	업종별 기업진단 지침에 의거 진단업무 수행
↓	
기업진단 보고서 작성	진단의견 기재(적정, 부적정)
↓	
기업진단 보고서 제출	
↓	
기업진단 보고서 보관	진단자는 증빙서류 등을 5년 보존

048.
[기업진단] 건설업계 대표님들 주목! 기업진단을 설명드립니다

실질 자본금이라는 말은 건설업에서 아주 중요한 개념입니다. 실질 자본금은 '건설산업기본법'의 예규인 '건설업관리규정'에서 정의하고 있는 내용으로 법인이 납입한 자본금, 즉 법인 등기부 등본에 있는 재무상태표에 나타나는 일반적인 자본금이 아닌, 실질 자산에서 실질 부채를 차감한 금액을 뜻합니다. 실질 자산은 총자산에서 부실자산(예: 가지급금, 출처가 불분명한 자산)을 제외한 것을 뜻합니다. 실질 자본을 간단히 설명하자면, 만약 오늘 회사가 문을 닫는다고 가정했을 때, 받을 돈과 줄 돈을 모두 정리하고 나서 실제로 남는 순수한 현금이 바로 실질 자본이라고 생각하시면 됩니다.

간단한 예시로 실질 자본금을 판단해 보겠습니다.

주식회사 '송'은 단종 면허를 가지고 있어, 실질 자본금은 1.5억 원이 필요합니다.

자산		부채	
예금	1.5억	미지급금	1.8억
공사미수금	1.0억	자본	
가지급금	2.5억	자본금	1.5억
보증금	0.5억	이익잉여금	2.2억

먼저 **실질 자산**을 계산해 볼까요?

회사가 제시한 자산은 5.5억 원이고, 부실자산인 가지급금은 2.5억 원이니까 실질 자산은 3억 원(=5.5억 원-2.5억 원)이 됩니다.

그다음으로 **실질 부채**를 살펴보면, 실질 부채는 기업진단 지침상 수정할 내용이 없다면, 회사가 제시한 부채 1.8억 원입니다. 따라서 **실질 자본금**은 실질 자산인 3억 원에서 실질 부채 1.8억 원을 뺀 1.2억 원이 됩니다.

주식회사 '송'은 1.5억 원의 실질 자본금이 필요한 면허를 소지한 회사이지만 실질 자본이 1.2억 원이라 실태조사가 나오면 영업정지 처분을 받게 됩니다. 즉, 이 업체는 법정자본금도 1.5억 원이고, 누적 이익잉여금도 2.2억 원, 연말 예금 잔액도 1.5억 원이 있음에도 불구하고 실질 자본금은 1.2억이라 기준 자본금 이하가 되어 건설업을 영위할 수 없게 되는 것입니다.

회사의 실질 자본금은 법정자본금, 연말 예금 잔액만으로 판단하는 것이 아니기에 12월 31일 기준일에 등록 기준 자본금에 적격한지 체크하고, 미리 조치해 두어야 한다는 점을 꼭 기억하셔야 합니다.

이번에는 '실태조사'에 대해서도 설명드려 보겠습니다. '실태조사'는 건설업 등록 기준에 따라 건설업체의 자본금, 기술 인력 등을 점검하는 중요한 과정으로 실태조사는 '정기 실태조사'와 '수시 실태조사'로 나뉩니다. '정기 실태조사'는 국토교통부장관이 직전 연도의 재무제표를 분석해서 자본금이 부족할 가능성이 있는 업체를 선정하는 방식으로 진행됩니다. '수시 실태조사'는 공공 입찰에 참여한 업체 중 낙찰자 대상 상위 업체를 대상으로 진행되고, 자본금 요건을 충족하지 못하면 낙찰 부적격으로 처리되어, 공공입찰에서 낙찰자 지위를 잃을 수도 있습니다.

'실태조사'는 자본금, 기술인력, 시설 및 장비 등 종합적으로 조사를 하지만, 가장 중요한 점은 법인 재무 건정성을 판단하는 **실질 자본금**이라고 보시면 됩니다.

'정기 실태조사' 대상이 되는 업체들은 보통 가지급금과 재고자산이 많은 경우가 많습니다. 실질 자본금이 부족한 업체는 재무제표 작성 시 가지급금과 재고자산의 처리를 매우 신중히 해야 합니다. 가지급금의 발생 원인을 명확히 하고, 필요 없는 부분은 과감히 줄이는 것이 중요합니다. 또한, 재고자산에 대해서도 실제로 존재하는 자산만을 반영하고, 불필요한 재고는 최소화하는 것이 좋습니다.

이처럼 건설업과 같이 면허 등록 및 유지가 중요한 업종의 경우 이에 대한 실무경험이 없다면 자칫 중요한 쟁점을 놓쳐 영업정지 등을 당하는 불이익을 피하기 어렵습니다. 이 분야에 전문성을 갖춘 저희 경영지원팀의 도움을 받아 사업에 어려움을 겪는 일이 생기지 않도록 유의하시기 바랍니다.

049.
[세무조사] 세무조사, 더 이상 두려워하지 마세요

　세무조사란 각 세법에 규정하는 질문조사권 또는 질문검사권에 근거하여 조사공무원이 납세자의 국세에 관한 정확한 과세표준과 세액을 결정 또는 경정하기 위하여 조사계획에 의해 세무조사 사전 통지 또는 세무조사 개시 통지를 실시한 후 납세자 또는 납세자와 거래가 있다고 인정되는 자 등을 상대로 질문하고, 장부·서류·물건 등을 검사·조사하거나 그 제출을 명하는 행위를 말합니다.

　세무조사를 통해 국세청은 국가의 조세행정에서 핵심적인 기능을 담당합니다. 세무조사는 납세자가 세법에 따라 적법하게 신고·납부 의무를 이행했는지 확인하고 검증하는 과정입니다. 이는 단순히 세금 추징을 위한 활동이 아니라, 공정한 과세환경을 조성하고 조세정의를 실현하기 위한 필수적인 제도입니다.

　세무조사의 일차적 목적은 성실 납세자와 불성실 납세자를 구분하여 조세 형평성을 확보하는 것입니다. 세금을 성실히 납부하는 납세자가 존중받고, 세금 회피나 탈루를 시도하는 납세자에게는 적절한 제재가 가해져야 공정한 과세체계가 유지될 수 있습니다. 이를 통해 납세자의 자발적인 성실신고를 유도하고 세법 준수 문화를 정착시키는 간접적 효과도 기대할 수 있습니다.

또한 세무조사는 조세 제도의 실효성을 높이고 세원을 투명하게 관리하는 데 기여합니다. 국가 재정의 근간인 세수를 안정적으로 확보하고, 탈루된 세금을 발견하여 국가 재정 건전성을 유지하는 역할을 합니다. 특히 복잡한 경제 구조와 변화하는 사업 환경 속에서 발생하는 새로운 유형의 조세 회피 수법을 발견하고 대응하는 중요한 수단이기도 합니다.

그리고 세무조사는 세법 적용의 명확성을 높이고 납세자의 불확실성을 줄이는 기능도 합니다. 세무조사 과정에서 발견된 문제점과 개선사항은 향후 세법 개정이나 행정지침 마련에 반영되어 보다 공정하고 합리적인 조세제도 발전에 기여할 수 있습니다.

궁극적으로 세무조사는 국민의 납세의무 이행을 확인하고 과세형평성을 제고함으로써 국가 재정의 건전성과 국민 경제의 지속가능한 발전을 지원하는 중요한 세정활동입니다.

[참고] 사업자 유형별 세무조사 실적(2023년 국세통계연보 기준)

가. 사업자 유형별 세무조사 실적

구분	조사건수	부과세액	구분	조사건수	부과세액
법인사업자	3,963건	3.5조	부가가치세	2,435	5.8조
개인사업자	3,860건	9,578억	상속세	10,143건	9,636억
양도소득세	3,916건	2,420억	증여세	403건	2,051억

나. 법인사업자 규모별 세무조사 실적

구분	건수	부과세액	구분	500억 이하	500억 초과
정기조사	2,529건	1.78조	건수	2,840건	1,123건
비정기조사	1,434건	1.77조	부과세액	8,390억	2.7조

2023년 국세통계연보에 따르면 우리나라 국세수입(세수)은 384조 정도입니다. 위 표에 보시면 세무조사를 통해 확보한 세수가 12조가 넘지 않습니다. 세무조사의 목적이 성실신고 유도라는 것에 있는 이유입니다.

또한, 2023년의 법인사업자 조사 건수는 3,963건으로 전체 법인사업자에 비해 매우 적은 숫자입니다. 세무조사에 대해 막연하게 두려워하실 필요는 없습니다!

050.
[세무조사] 세무조사, 아는 만큼 보입니다
– 조세범칙혐의 적용에 따른 분류

세무조사는 목적과 대상, 범위, 선정 방식 등에 따라 다양한 유형으로 분류됩니다. 그 내용 중에서 최근에 중요하게 구분되는 부분을 정리하면 아래와 같습니다.

구분	종류	특징
조세범칙혐의 적용 유무	일반세무조사	일반유형
	조세범칙조사	조세범칙처분 유형
세목 통합 유무	통합조사	여러 세목 통합조사
	세목별조사	특정 세목 조사
선정방법에 따른 구분	정기조사	전산시스템, 일정한 주기
	비정기조사	탈세혐의 확인, 수시 선정

우선, 조세범칙혐의 적용 유무에 따라 세무조사를 구분해 보면, 크게 ① "조세범칙조사"와 ② "조세범칙조사 외의 일반세무조사"로 구분할 수 있습니다.

① "조세범칙조사"는 세금과 관련된 범칙행위(탈세, 세금 포탈, 허위 신고 등)가 의심될 때 세무당국이 실시하는 특별 조사입니다. 일반적인 세무조사보다 더 강력한 법적 권한을 가지고 진행되며, 조사 결과에 따라 형사처벌까지 이어질 수 있습니다.

주요 특징으로는, 범칙조사 대상자는 일반적으로 고의적인 세금 포탈 혹은 중대한 세법 위반이 의심되는 경우에 선정됩니다. 이에 따라 일반 세무조사와 달리 세무공무원이 특별사법경찰관의 권한을 가지고 조사를 진행하며, 조사 과정에서 압수수색, 진술조사 등 강제수사가 이루어질 수 있습니다. 또한 조사 결과에 따라 과태료나 벌금 부과에서부터 고발까지 다양한 제재가 가능합니다.

구분	일반세무조사	조세범칙조사
목적	과세표준 결정 및 경정	조세범에 대한 형벌권 행사
근거법	세법상의 질문조사권	조세범처벌절차법, 형사소송법
조사자	일반 세무공무원	지방검찰청 검사장의 지명을 받은 세무공무원
조사방법	사전통지 원칙 임의조사 방법	사전통지 없이 조사착수 가능 임의조사 방법으로 조사하나 필요시 압수수색영장에 의한 조사 가능
조사서류	확인서, 진술서	심문조서, 압수수색조서
조사결과	납세고지	무혐의, 통고처분, 고발
불복방법	과세전적부심사와 심판청구 등	통고처분 미이행(형사절차로 전환)

조세범칙행위의 주요내용으로는 '조세포탈'과 '세금계산서 위반'이 있습니다. '조세포탈'은 세금을 고의로 회피하거나 줄이기 위해 불법적인 행위를 하는 것을 말합니다.

구체적으로는 소득이나 수익을 누락하거나 축소하여 신고하는 행위, 가공 경비를 계상하여 소득을 줄이는 행위, 재산을 은닉하거나 타인 명의로 분산하는 행위, 장부의 조작, 허위 문서 작성 등을 통한 탈세 행위를 의미합니다.

이에 따른 처벌로는 포탈한 세액과 가산세 등이 추징되고, 추가적으로 포탈세액의 일정 배율에 따른 벌금과 징역형까지 받을 수 있으며, 대규모 탈세의 경우 가중처벌도 이루어질 수 있습니다.

| 사례 | 차명계좌로 이체받은 소득을 은폐하기 위해 이중장부 등을 작성하는 방법으로 조세 포탈 |

☐ 조세포탈 방법
- ▲▲▲은 예식장을 운영하는 사업자로 다수의 차명계좌로 예식비를 이체받거나, 예식 당일 축의금으로 현금 결제한 고객들에게 현금영수증을 미발급하는 방법으로 ○○○백만 원을 포탈하였으며, 이를 은폐하기 위해 이중장부를 작성하고 관련 계약서를 파기함

매출 누락
① 현금영수증 미발급
② 차명계좌 수령

소비자

소득 은폐
③ 이중장부 작성
④ 계약서 파기

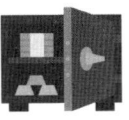
예식업자

☐ 조치 결과
- 범칙조사 진행 시 일시보관으로 확보한 이중장부를 대사하여, 실제 현금수입금액과 현금영수증 발급금액의 차액 총 ○○○○백 만원의 매출누락을 확인하여 부가가치세 및 종합소득세 ○○○백만 원을 추징하고 수사기관에 고발하여 징역 ○년(집행유예 ○년)을 선고받음

그에 반해 '세금계산서 위반 관련 범칙행위'는 주로 부가가치세법 관련 위반으로, 세금계산서의 허위 발급이나 미발급 등과 관련됩니다.

주요 유형은 다음과 같습니다:

---

① 가공 세금계산서 발행
- 실제 거래 없이 허위로 세금계산서를 발행하는 행위
- 매입세액 공제를 받기 위한 목적으로 주로 이루어짐

② 세금계산서 미발급
- 거래가 있음에도 세금계산서를 발급하지 않는 행위
- 매출을 누락시켜 납부세액을 줄이려는 목적

③ 타인 명의 세금계산서 발행
- 타인의 명의를 도용하여 세금계산서를 발행하는 행위

④ 이면계약 후 허위 세금계산서 발행
- 실제 거래와 다른 금액으로 세금계산서를 발행하는 행위

이에 따른 처벌 역시 관련 세액과 가산세 등이 추징되고, 추가적으로 발행 또는 수취한 세액의 일정 배율에 따른 벌금과 징역형까지 받을 수 있습니다.

여기서 잠깐!

'조세포탈'보다 '세금계산서 위반' 혐의에 대해 더 주의하세요!
'조세포탈'로 조세범칙조사 대상으로 선정되는 경우보다 '세금계산서 위반' 혐의로 조사대상자가 되는 경우가 많습니다. 세금계산서 발급 수취는 평소 자연스럽게 이루어지는 행위이고 이에 따라 무심코 사업자 간 협의에 의해 가공세금계산서를 발급 수취하거나 거래처의 부탁으로 손쉽게 발급 수취하는 경우가 있습니다. 금액이 별로 크지 않아 방심하기도 합니다. 하지만 가공세금계산서 금액의 크기뿐만 아니라 비율에 따라서도 조세범칙조사 대상이 될 수 있으니 세금계산서를 정확하게 발행하고 관리하는 것이 중요합니다!

세금계산서 범칙조사 대상자 선정

적용 법규	범칙 혐의금액(비율)에 따른 선정기준
조세범처벌법 10조 1항	실물거래가 있으나 거짓기재(과다기재 등)한 (세금)계산서 발급혐의금액 합계액이 1과세기간 5억원 이상
조세범처벌법 10조 2항	실물거래가 있으나 거짓기재(과다기재 등)한 (세금)계산서 수취혐의금액 합계액이 1과세기간 5억원 이상
조세범처벌법 10조 3, 4항	(1) 실물거래 없이 (세금)계산서를 발급 또는 수취한 혐의금액이 각각 1과세기간에 5억원 이상 (2) 실물거래 없이 (세금)계산서 발급한 혐의금액이 해당 1과세기간의 총 발급금액 대비 50% 이상 (3) 실물거래 없이 (세금)계산서 수취한 혐의금액이 해당 1과세기간의 총 수취금액 대비 30% 이상

| 사례 | 미등록 사업자의 거래를 위장하기 위해 거짓세금계산서 발행 |

□ 거짓세금계산서 거래

- □□□는 세금계산서 자료상*으로서, 실물거래 없이 거짓세금계산서를 발행하고 수수료를 수취한 사업자임

  * 자료상: 일정 대가를 받고 거짓세금계산서를 판매하는 사업자

- 세금계산서 등 증빙이 없는 무자료 거래를 정상 거래로 위장하기 위해, 본인 명의의 거짓세금계산서를 발행하고,
- 물품대금을 수취하여 본인의 수수료 몫을 제외한 후, 현금 인출하거나 제3자 명의의 계좌를 통해 재화의 실공급자(미등록 사업자)에게 지급함

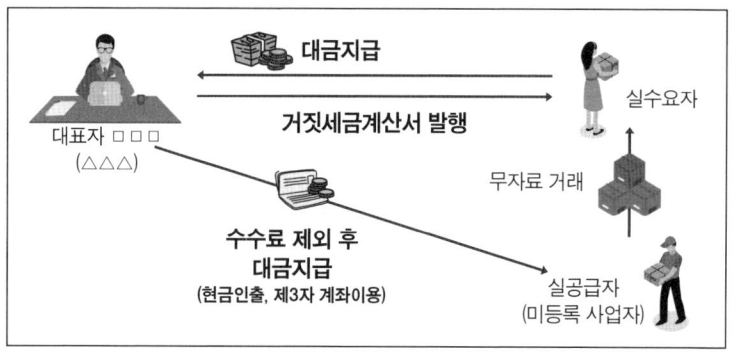

□ 조치 결과

- 범칙조사 진행 시 금융거래 현장확인 등을 통하여 해당거래를 포함한 총 ○○○○백만원의 거짓세금계산서 발급 혐의를 확인하고, □□□와 실제 공급자인 미등록 사업자 등을 수사기관에 고발하여 징역 ○년(집행유예 ○년), 벌금 0억 원을 선고받음

051.
[세무조사] 세무조사, 아는 만큼 보입니다
– 세무통합 유무에 따른 분류

"통합조사"란 납세자의 편의와 조사의 효율성을 제고하기 위하여 조사대상으로 선정된 과세기간에 대하여 그 납세자의 사업과 관련된 신고납부의무가 있는 세목을 함께 조사하는 것을 말합니다. 일반적인 개입사업자 및 법인의 사업과 관련한 모든 세목을 함께 조사하는 경우이므로, 법인 대표님들이 일반적으로 받게 되는 세무조사를 의미합니다.

이에 대하여 "세목별조사"란 세목의 특성, 납세자의 신고유형, 사업규모 또는 세금탈루 혐의 등을 고려하여 특정 세목만을 조사할 필요가 있는 경우 특정 세목만을 대상으로 실시하는 세무조사를 말합니다. 사업자인지 여부에 관계없이 받는 조사로, ① **상속세 조사**, ② **자금출처조사**, ③ **주식변동조사** 등을 의미합니다.

① **상속세 조사**는 피상속인(사망한 사람)의 재산을 상속인이 물려받을 때 과세당국이 올바른 세금 납부 여부를 확인하는 절차입니다. 과세당국은 상속재산의 규모, 평가방법, 공제 적용 여부, 세율 적정성 등을 검토합니다. 조사는 일반적으로 상속세 신고 후 진행되며, 신고 내용에 의심스러운 점이 있거나 누락된 재산이 있다고 판단될

경우 심층 조사가 이루어집니다.

 상속세 조사는 금융 계좌, 부동산, 주식, 보험금, 사업체 지분, 고가의 예술품이나 보석 등 모든 상속 가능한 자산을 대상으로 합니다. 과세당국은 재산 평가가 시장 가치를 제대로 반영했는지, 법적 공제와 감면이 적절히 적용되었는지 확인합니다. 조사 결과 탈세나 신고 누락이 발견되면 추가 세금과 함께 가산세 등이 부과될 수 있습니다.

 상속세 조사는 상속인이라면 누구나 그 대상이 될 수 있으며, 대략적인 상속재산이 60억 원 이상이면 세무서의 상급조직인 지방국세청으로 이송되어 지방국세청으로부터 조사를 받을 수 있으며, 상속재산이 20억 이상인 경우에는 세무서에서 조사대상자가 될 수 있음을 기억하시기 바랍니다.

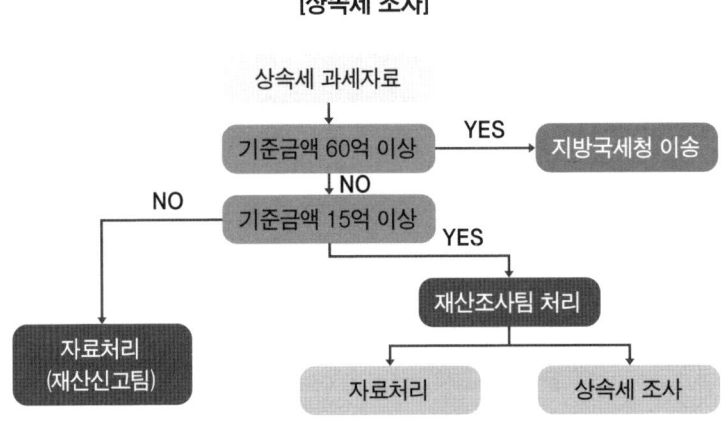

[상속세 조사]

② **자금출처조사**란 거주자 또는 비거주자가 재산을 취득(해외유출 포함)하거나 채무의 상환 또는 개업 등에 사용한 자금과 이와 유사한 자금의 원천이 직업·소득 및 재산상태 등으로 보아 본인의 자금능력에 의한 것이라고 인정하기 어려운 경우, 그 자금의 출처를 밝혀 증여세 등의 탈루 여부를 확인하기 위하여 행하는 세무조사를 말합니다.

이렇게 부동산, 주식 등 고액의 자산을 취득하게 되는 경우 국세청 내 분석시스템에 의해서 조사대상자로 선정될 수 있습니다.

이때 사용되는 시스템이 바로 PCI 조사 시스템이라고 하며, 이 시스템은 2009년에 처음 도입되었지만, 최근에는 더욱 정교하게 발전해 탈루 적발에 적극 활용되고 있습니다.

이러한 PCI 시스템은 특정 개인의 자산, 지출, 소득을 종합적으로 분석해서 탈루혐의금액이 얼마인지 어느 정도 예측합니다.

PCI는 Property, Consumption and Income Analysis System의 약자이며, 소득과 지출을 분석해 탈루금액을 판단하기 때문에 '소득-지출 시스템'이라고도 불리고 있습니다.

이러한 PCI시스템의 원리는 다음과 같습니다:

[PCI 분석 시스템]

▶ 국세청에서 특정인의 세금탈루액을 파악하고 세무조사 대상자를 선정하기 위해 도입한 시스템

Property (재산증가)   **Consumption (소비)**   **Income (소득)**

혐의 대상자의 현금지출(P+C)과 현금수입(I)를 비교

현금지출 > 현금수입인 경우 매출누락 또는 증여 등이 있다고 추정하여 조사 대상자 선정

[PCI 분석 시스템]

현금지출내역 (현금이 나간 거래 예시)	현금수입내역 (현금이 들어온 거래 예시)
1. 부동산, 분양권, 주식, 골프회원권 등 자산 취득 2. 금융자산 잔액(예금 등 기말) 3. 부채 상환 4. 신용카드 사용액, 세금납부 등	1. 부동산, 분양권, 주식, 골프회원권 등 자산 양도 2. 금융자산 잔액(예금 등 기초) 3. 부채 발생 4. 소득 신고 금액, 증여 상속 금액 등

③ **주식변동조사**는 법인의 주식 변동 내역과 그에 따른 실질적인 지배구조를 파악하기 위해 국세청이 진행하는 세무조사입니다. 주로, 특수관계인 간의 거래나 실질적인 소유권 변경에 의해 조세 회피가 발생할 가능성이 있다고 판단되는 경우에 실시됩니다.

이 조사는 법인의 주식과 관련하여 다음과 같은 문제가 발생할 수 있는지를 점검하기 위한 것입니다.

㉠ 명의신탁
- 주식이 실제 소유자가 아닌 타인의 명의로 등록되어 있을 가능성

㉡ 탈세
- 주식 이동 과정에서 증여세, 양도소득세, 상속세 등의 세금을 회피했는지 확인

㉢ 변칙적인 지배구조
- 특수관계인 간의 주식 변동으로 인해 법인세나 기타 세법을 우회하려는 시도가 있는지 확인

주식변동조사는 아래와 같은 상황에서 주로 이루어집니다:

- 주식의 대량 변동이 있었거나 특수관계인 간 주식 거래가 많을 경우
- 명의신탁 의혹이 있거나 주식 실명제가 의심될 경우
- 회사의 실질 지배 구조가 불투명하다고 판단될 경우
- 주식 거래와 관련한 세금 신고가 누락되었거나, 과소 신고된 정황이 발견될 경우

한편, 조사 과정은 다음과 같이 진행됩니다:

> ㉠ 자료 요청
> - 국세청이 주식 변동 내역, 주식 거래 계약서, 회계 자료 등을 요청합니다.
>
> ㉡ 실질 분석
> - 명의 신탁 여부, 실질적인 주식 소유자 확인, 주식 평가가 적정했는지 분석합니다.
>
> ㉢ 결론 도출
> - 조사 결과, 탈세나 조세 회피가 확인되면 관련 세금을 부과합니다.

주식변동조사는 일반적으로 법인 대표들과 밀접하게 연관되어 있습니다. 왜냐하면 대부분의 법인대표는 해당 법인의 과점주주에 해당하기 때문입니다. 따라서, 법인 대표님들은 주식 거래 내역을 항상 투명하게 기록하고 신고해야 하며, 명의신탁을 피하시고 항상 실명으로 주식 거래를 진행하셔야 합니다. 또한 주식 변동이 있는 경우에는 미리 세무 전문가와 상담하여 관련 증여세, 양도소득세 등 신고를 철저히 하셔야 합니다.

052.
[세무조사] 세무조사, 아는 만큼 보입니다
- 선정방법에 따른 분류

선정방법에 따라 세무조사를 분류한다면, ① **정기조사**와 ② **비정기조사**로 구분할 수 있습니다.

① **정기조사**는 신고 성실도 분석 결과 불성실 혐의가 있는 경우와 신고서 및 재무제표 분석을 통해 혐의가 있을 경우, 무작위 추출방식의 표본조사 형태로 선정하여 진행하는 세무조사로, 대기업의 경우 4~5년에 한 번씩 정기적으로 세무조사 대상자로 선정되며 납세자 또한 충분히 대비하고 있는 조사형태입니다.

② **비정기조사**는 납세협력의무를 불이행(무신고, 사후검증 불성실)하거나 구체적인 탈세제보, 탈루나 오류의 혐의를 인정할 만한 명백한 자료가 있는 경우 국세공무원이 이를 분석한 후 조사대상자로 선정하여 진행하는 세무조사로, 수시로 선정되며 납세자 또한 대비 없이 겪게 되는 세무조사입니다.

사업자에게는 정기조사보다 비정기조사가 훨씬 더 치명적입니다. 왜냐하면 비정기조사는 탈세혐의를 수집된 자료를 분석하여 어느 정도 특정해 놓고 착수하는 세무조사이기 때문입니다. 따라서, 평소에 비정기조사 대상자가 되지 않도록 정확하게 법인을 운영하는 것이 중요합니다.

특별히 많은 대표님들이 관심을 가지고 계신 비정기조사 대상자 주요 선정 방법에 대해서 살펴보면,

1. 탈세제보 받은 자료를 통해 선정

탈세제보제도는 특정 개인이나 법인의 탈세사실을 뒷받침할 수 있는 구체적인 내용 및 증빙을 탈세자의 인적사항과 함께 인터넷(홈택스·손택스), 서면, 전화 등의 방법으로 과세당국에 제공하는 제도입니다.

주요 탈세제보 대상은 이중장부 작성, 차명계좌 사용 등의 방법으로 실제 매출금액을 축소하거나 가공의 인건비를 계상하는 방법 등으로 소득금액을 축소하여 신고하거나 부당하게 환급·공제받는 행위에 관련된 자료로서, 주로 같이 근무하였던 직원, 사업 동반자 등 업무 관련자들이 탈세혐의 자료를 직접적으로 국세청에 제보하는 것입니다.

따라서 이러한 탈세제보로 인해 비정기조사가 시작된다면 납세자는 큰 타격을 입게 됩니다.

2. 차명계좌 신고로 선정

차명계좌란 거래자 본인이 아닌 타인의 명의로 개설된 계좌로서 사업자가 그의 가족, 종업원, 법인대표자 등 타인명의계좌로 거래대금을 수령하는 행위는 모두 차명계좌 사용에 해당합니다.

법인은 반드시 법인명의 계좌를 사용해야 하며, 법인 대표자 명의 계좌가 사업상 거래에 이용되었다면 차명계좌에 해당하므로 주의가 필요합니다.

차명계좌 사용 불이익으로는 수입금액 등을 탈루한 사실이 적발된 경우 추가 납부할 세액에 더해 고액의 가산세가 부과됩니다.

3. 세무조사 절차

[세무조사 흐름도]

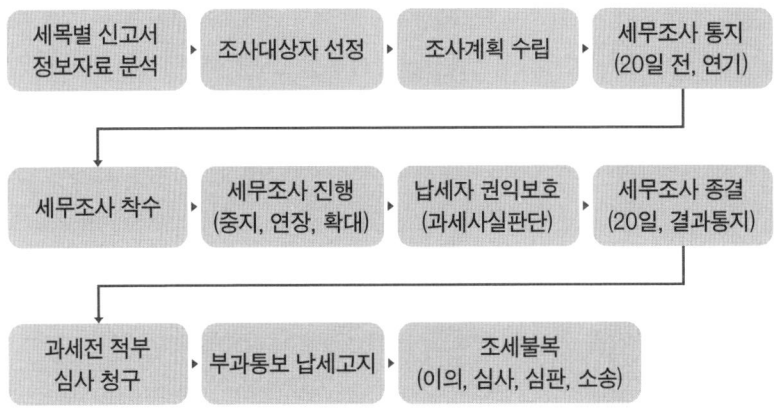

가. 조사대상자의 선정

조사대상자의 선정방법은 정기선정과 비정기선정으로 구분합니다.

정기선정은 신고내용의 적정 여부를 검증하기 위하여 「국세기본법」에서 정한 범위에서 신고성실도 평가결과, 미조사연도수 등을 기준으로 지방국세청장 또는 세무서장이 일괄하여 선정하며, 비정기선정은 공평과세와 세법질서의 확립을 위하여 「국세기본법」에서 정한 범위에서 지방국세청장과 세무서장이 선정합니다.

국세청은 업종별 신고성실도, 계층별·유형별·지역별 세부담 형평 등을 감안하여 적정 조사비율이 유지되도록 하여야 합니다.

나. 세무조사 통지

국세청이 세무조사를 실시하는 경우에는 세무조사 사전 통지 서식을 작성하여 조사개시 20일 전에 납세자 또는 납세관리인에게 송달하고 송달을 확인할 수 있는 근거서류를 보관하여야 합니다. 다만 사전 통지를 하면 증거인멸 등의 우려가 있어 조사목적을 달성할 수 없다고 인정되는 경우에는 사전 통지를 생략하고 조사를 시작할 수 있습니다.

일반적으로, 정기조사 시에는 세무조사 사전통지를 하고 비정기조사 시에는 사전통지를 생략하고 바로 조사에 착수합니다.

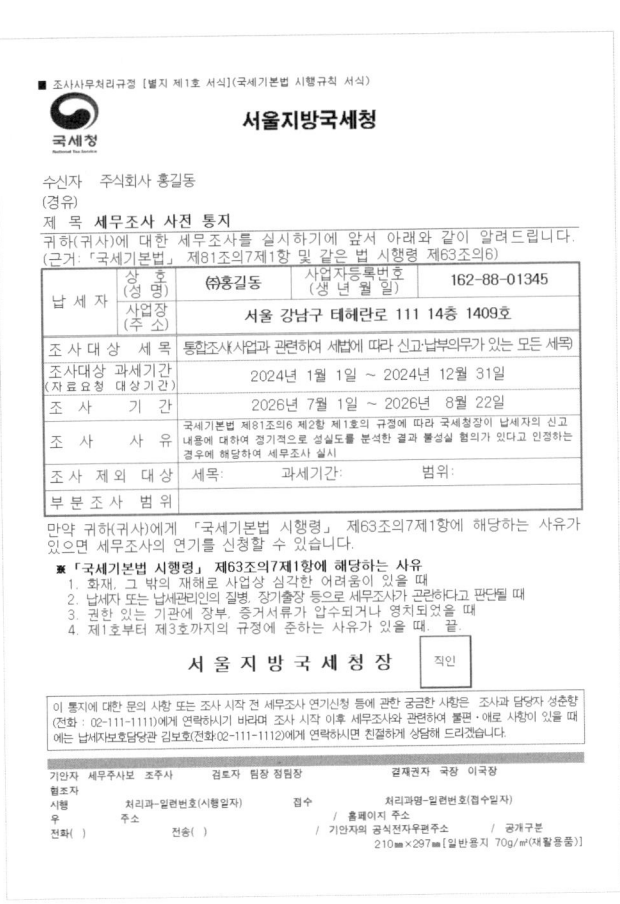

예시로 제작된 이미지입니다.

다. 세무조사의 연기

세무조사의 연기란 납세자가 국세청으로부터 세무조사 통지를 받았을 때, 특정한 사유가 있을 경우 조사의 시작을 연기하거나 이미 진행 중인 조사를 중단하고 연기할 수 있도록 요청하는 제도를 말합니다. 이는 납세자의 정당한 사유를 인정하여 세무조사로 인한 부담을 완화하고, 납세자의 권리를 보장하기 위한 제도적 장치입니다.

세무조사 연기는 다음과 같은 사유로 신청할 수 있습니다:

- 사업상의 중대한 장애가 발생할 우려가 있는 경우: 중요한 사업 활동, 계약, 또는 금융 거래 등에 영향을 미칠 가능성이 있을 때
- 납세자가 심각한 질병 등으로 인해 조사를 받을 수 없는 경우: 납세자 본인이나 주요 관계자가 질병, 사고 등으로 조사 대응이 어려운 상황
- 천재지변 또는 불가항력적인 사유가 발생한 경우: 자연재해, 화재, 사고 등으로 인해 조사에 응할 수 없는 상황
- 조사 대상자가 재조정을 요청한 경우: 특정한 세무조사의 시기나 범위에 대해 재협의가 필요한 경우

납세자는 세무조사 통지를 받은 후, 정해진 기한 내에 연기 사유를 명시한 신청서를 제출해야 하며, 국세청은 이를 검토하여 연기 요청을 승인하거나 거절할 수 있습니다.

라. 세무조사 착수

조사공무원이 세무조사를 시작하는 때에는 신분증과 조사원증을 반드시 소지하고 납세자 또는 관련인에게 제시하여야 합니다. 또한 조사공무원은 조사사유, 조사기간, 권리구제 절차 등 필요한 사항을

납세자에게 상세히 설명한 후 조사를 시작하여야 합니다.

마. 세무조사 종결 및 결과통지

■ 국세기본법 시행규칙 [별지 제56호 서식] <개정 2021. 4. 1.>

국세청
National Tax Service

세무서

수신자
(경유)
제 목 세무조사 결과 통지

「국세기본법」제81조의12 및 같은 법 시행령 제63조의13에 따라 귀하(귀사)에 대한 세무조사 결과 등을 아래와 같이 알려드립니다.

1. 조사대상자

상 호 (성 명)		사업자등록번호 (생 년 월 일)	1975.
사업장 (주 소)	(우:06544) 서울특별시		

2. 세무조사 결과

① 조사대상 (세목: 종합소득세   연도: 2019   기분: 2019.01.01. ~ 2019.12.31.   )
   개인통합조사
조사한 내용

② 예정 고지일 및 납부기한
   예정 고지일   2023.09.01.   예정 납부기한   2023.09.30.

③ 결정 또는 경정할 내용(예상 총 고지세액: 64,190,070 원)
                                                          (단위: 원)
※ 지방소득세 및 소득금액 변동 관련 세액 별도

세목	연도	과세표준		산출세액		가산세액	예상 고지세액
		신고(당초)	결정(경정)	신고(당초)	결정(경정)		
법인세							
종합소득세	2021 외	12,032,435,500	12,164,404,843	5,008,064,651	5,064,552,277	18,740,568	64,190,070
부가가치세							
상속·증여세							
양도소득세							
기타(원천 개별소비·주세 등)							

④ 과세표준·세액의 결정 또는 경정 사유 및 산출근거
                                                          (단위: 원)

세목	연도	항목 (과목)	결정·경정 대상금액	결정·경정 사유 (구체적 사실관계)	소득처분	근거법령 (조항)	가산세	
							일반	부당
				붙임 2. 참고				

예시로 제작된 이미지입니다.

바. 과세전 적부심사제도

과세전적부심사제도는 세무서나 지방국세청이 세금을 추가로 부과하기 전에 납세자가 이의를 제기할 수 있는 제도입니다. 세무조사 결과나 세금 부과 예정 통지를 받은 납세자가 이에 불복하는 경우, 정식으로 과세가 이루어지기 전에 심사를 청구할 수 있습니다.

심사 결과에 불복하는 경우, 과세 처분 후 다음 단계의 불복 절차(이의신청, 심사청구, 심판청구, 행정소송 등)를 진행할 수 있습니다.

이 제도는 납세자와 과세관청 간의 조세 분쟁을 조기에 해결하고 납세자의 권리를 보호하는 데 중요한 역할을 하고 있습니다.

다만, 국세청 내 설치된 과세전적부심사위원회에 신청하는 것으로 실제 유효성에 대해서는 불명확한 부분이 있습니다.

사. 조세불복제도

세금이 부과된 후 이의를 제기하는 제도로서 과세 후 구제제도라고 표현하기도 합니다.

이의신청은 세금이 부과된 후 처분청(세무서, 지방국세청 등)에 직접 이의를 제기하는 제도이고, 심사청구는 국세청장에게 청구하는 것입니다.

이와 달리 조세심판청구는 조세심판원에 청구하는 독립적인 불복 절차입니다.

일반적으로 처분이 있음을 알게 된 날(처분의 통지를 받은 날)로부터 90일 이내 청구하여야 합니다.

조세불복의 주요 특징으로는 전심절차 원칙으로서 행정소송을 제기하기 전에 반드시 행정심판(이의신청, 심사청구, 심판청구 중 하나)을 거쳐야 하며, 이의신청, 심사청구, 심판청구 중 납세자가 원하는 절차를 선택할 수 있고, 불복 청구가 있더라도 세금 납부의무는 원칙적으로 정지되지 않습니다.

조세불복제도는 납세자가 부당한 과세처분에 대해 구제받을 수 있는 중요한 제도적 장치로, 적절히 활용하면 합법적으로 세금 부담을 경감할 수 있는 방법이 될 수 있습니다.

재무회계팀장의 편지

"대표님,
상속 리스크 준비가 필요한 시점입니다."

　대표님, 얼마 전 경제신문에서 과도한 상속세 부담으로 인한 폐업이 속출하고 있다는 뉴스를 본 적이 있습니다. 1997년부터 작년 9월까지 주식 물납으로 상속세를 낸 기업 311곳을 조사해 봤더니 휴·폐업한 회사가 126곳이나 된다고 하더군요. 해당 기업들은 상속세를 내고 몇 년, 심지어 몇 달도 버티지 못하고 휴·폐업을 한 곳들이 대부분이라고 합니다.

　사람들은 대표님이 가장 왕성하게 활동하신 화양연화 시절만 떠올릴 뿐 대표님이 돌아가신 이후 상속세 부담으로 대표님이 살아생전 모든 것을 쏟아부었던 회사가 휘청일 수 있다는 사실은 알지 못합니다. 그러나 아시다시피 우리나라 상속세 최고세율은 50%로 세계에서도 수위를 다툴 정도로 높은 수준이며, 최대주주의 주식은 여기에 20%를 할증해 평가하기에 실질적인 상속세 최고세율은 60% 육박합니다. 우리나라 상속세를 징벌적이라고 표현하는 이유도 바로 이 때문입니다.

그나마 대기업이라면 자신이 보유한 주식을 시장에 내놓아 매각할 수도 있고, 전문적인 컨설팅을 받아 사전에 상속세 준비를 할 수라도 있죠. 중소기업, 중견기업은 사업자의 자산 대부분이 공장부지와 설비이기에 상속세 마련을 위해 당장 팔 수도 없습니다. 시장에서 유통이 가능한 상장주식과 달리 비상장주식은 처분하기도 어렵고 국세청에서도 상속세로 잘 받아 주려고 하지도 않습니다. 비상장주식을 국세청에 상속세로 내려면 한국자산관리공사(캠코)가 가치평가를 해서 받은 뒤 매각하는 과정을 거치는데, 문제는 주가가 변동이 있거나 기업가치가 하락하면 캠코에서 이를 거부한다는 것입니다. 결국 대표님을 떠나보낸 가족들은 자신이 대표님으로부터 물려받은 토지나 건물, 유가증권 등으로 상속세를 납부할 수밖에 없는 것입니다.

속세 재원을 마련하지 못한 대표님들은 자신이 일평생 모든 것을 바친 회사를 지켜 내지도 못합니다. 이와 관련해 세계 1위 손톱깎이 업체 쓰리세븐(777) 이야기는 너무나 유명한데요. 창업주 김형규 회장이 2008년 갑자기 돌아가신 이 회사는 상속인들이 150억 원의 재원을 마련하지 못해 결국 이 투자자 저 투자자에게 팔려 다니는 신세가 되었고요. 가깝게는 상속인들이 6조 원의 상속세를 내지 못한 창업주 김정주 회장의 넥슨은 정부가 2대 주주가 되는 촌극이 빚어지기도 했습니다. 국내 가구 업계 1위 한샘과 밀폐용기 1위 락앤락이 상속세를 준비하지 못해 사모펀드에 팔려 다닌다는 이야기도 너무나 많이 알려진 이야기입니다.

상속세에 대한 부담은 더 이상 재벌들만의 이야기가 아닙니다. 당장 서울에 집 한 채만 가지고 있어도 상속세가 문제가 될 수 있고, 대표님처럼 잘 운영되는 비상장법인을 가지고 계신다면, 그 지분 가치까지 더해져 상속세 부담은 급증하게 됩니다.

이에 국세청이 매년 발간하는 세금절약 가이드는 "상속세는 장기 세금 계획을 세워 미리미리 대비해야 한다. 납세자금 대책을 마련해 놓지 않으면 상속재산을 처분해야 하거나 공매를 당하는 상황이 발생할 수도 있다. 자녀 명의로 보장성보험을 들어 놓는다든지, 사전증여 등으로 세금을 납부할 수 있는 능력을 키워 놓는다든지 아니면 연부연납 또는 물납을 하도록 할 것인지 등 납세자금대책이 검토돼야 한다."라고 조언하고 있습니다.

이러한 조언을 따른다면, 대표님은 우선 가지고 계신 재산을 자녀에게 미리 증여해 상속세 과세대상에서 제외시키고, 종신보험을 활용해 상속세 재원을 마련하시는 것이 좋습니다. 종신보험은 보험에 가입한 당사자가 사망하면 보험회사로부터 즉시 사망보험금을 지급받는데, 자녀나 배우자가 소득이 있다면, 이들을 계약자 및 수익자로 두어 사망보험금을 받게 하고, 이를 상속세 재원으로 사용하게 하면 상속세에 대한 위험을 최소화할 수 있습니다. 계약자 및 수익자로 설정된 자녀나 배우자가 소득이 있어 실질적으로 이들이 보험료를 납부했다는 사실을 입증할 수 있다면 해당 보험금은 상속재산에 포함되지 않아 상속세 재원으로 쓸 수 있기 때문입니다.

　상속에 대한 위험은 비단 상속세 재원 마련에 한정되지도 않습니다. 상속재산분할협의 과정에서의 상속인들 간의 다툼, 유류분을 둘러싼 소송이 빈번하게 발생하고 있다는 사실은 이미 언론을 통해 많이 접해 보셨을 이야기입니다. 실제로 대법원에 발간하는 사법연감에 따르면 2014년부터 2022년까지 '상속재산의 분할에 관한 처분' 접수 건수는 꾸준히 증가해 2014년의 771건에서 2022년에는 2,776건까지 늘어났다는 통계가 있습니다. 10년간 약 3배 증가한 셈이며, 이러한 추세는 앞으로 더욱 두드러질 것으로 보입니다.

　상속에 대한 리스크는 상속세에 대한 리스크와 더불어 상속분쟁에 대한 리스크까지 함께 고려해야 합니다. 변호사와 세무사, 회계사, 경우에 따라서는 노무사 등 다양한 전문가들이 모여 복합적으로 고민을 해야 하는 시대가 된 것입니다. 상속은 충분한 시간을 확보해 미리부터 준비하시면 다양한 선택이 가능합니다. 상속 준비를 하기에 너무 이르다고 생각하신다면 그때야말로 상속을 준비하셔야 할 적기인 것입니다.

2025년 4월 어느 날

대표님의 재무회계팀장
고혜진 회계사
노영욱 세무사
송진명 세무사
유지현 세무사
임경배 회계사
조준섭 세무사

올림

· 에필로그 ·

시대가 달라졌습니다. 이전과 달리 앞으로는 세계 경제도, 한국 경제도 드라마틱한 성장을 기대하기 어렵습니다. 그렇다면 이와 운명을 같이하는 우리 기업들 역시 제조와 영업에서 큰 이익을 남기기 어려울 것입니다. 슬프지만 대표님 입장에서는 결국 경영 리스크를 잘 관리해 최소한 밖으로 새는 돈이라도 줄이는 것이 무엇보다 중요한 일이 되고 말았습니다.

다만, 그렇다고 한들 기업과 대표 입장에서는 매출을 내는 부서도 아닌 경영지원팀 인원을 경영 리스크 관리를 위해 무한정 늘리기도 부담스러울 것입니다. 이에 저희 경영지원팀의 필요성이 그 어느 때보다 커지고 있으며, 특히 저희 경영지원팀은 전문직으로서 대표님과 대표님 가족의 현재와 미래까지 함께 준비해 드릴 수 있다는 강점이 있습니다. 물론 대표님이 자체적으로 운영하고 계시는 경영지원팀에게는 말할 수 없었던 대표님만의 고민도 전문직으로서의 비밀유지의무를 준수하며 함께 해결합니다.

그동안 변호사, 변리사, 노무사, 회계사, 세무사를 개별적으로 만나 오셨다면, 이제는 모든 직군의 유능한 전문직들을 하나의 경영지원팀으로 만나 보시기를 권해 드립니다. 대표님이 그동안 회사의 성장을 위해 노력해 오신 것들을 충분히 보상받으실 수 있도록, 앞으로 회사와 대표님, 대표님 가족들 미래에 대한 고민도 덜 수 있도록 최선의 노력을 다하겠습니다.

나의 경영지원팀 드림

이 책과 관련한 협업 및 강의, 세미나 요청은
경영지원팀장 조태진 변호사(judgetj@hanmail.net)
또는 카카오톡 플러스 친구로 "나의 경영지원팀" 검색하셔서
친구 추가 후 연락해 주시기 바랍니다.